HEIKE ABIDI

Ab HEUTE mach ich's mir SELBER RECHT

Warum wir People Pleaser mehr an uns selbst denken dürfen

Inhalt

Vorwort

Sind wir nicht alle ein bisschen Pleasing?

Anderen gefallen zu wollen und dabei die eigenen Bedürfnisse zu ignorieren, nennt man People Pleasing. Oder – auf gut Deutsch – Gefallsucht.

Doch wer Everybody's Darling sein will, wird leider allzu leicht Everybody's Depp vom Dienst. Und wer möchte das schon sein? Ich jedenfalls nicht. Und du bestimmt auch nicht.

Warum ist es dann so schwer, einfach mal Nein zu sagen?

Zugegeben – die meisten von uns lieben es, anderen eine Freude zu machen. Vor allem, wenn sie dafür Anerkennung und Lob ernten und Komplimente zu hören bekommen wie: »Was täte ich bloß ohne dich?!«

Solche Reaktionen motivieren ungemein. Wir fühlen uns wichtig und gebraucht, und das tut einfach gut.

Auch ich bin nicht davor gefeit, mich manchmal ein bisschen zu verbiegen, um jemandem einen Gefallen tun zu können, obwohl mein Schreibtisch übervoll ist. Schließlich sind wir soziale Wesen, oder?

Ich kenne kaum jemanden, dem die Meinung anderer wirklich völlig egal ist. »Sollen sie doch denken, was sie wollen« – ja, das sagt man so dahin. Aber die Wahrheit sieht anders aus. Schließlich haben wir alle von Kindesbeinen an gelernt, dass wir rücksichtsvoll und uneigennützig sein sollen, nicht unsozial und ichbezogen.

Doch manchmal könnte es nicht schaden, ein bisschen an das eigene Wohlbefinden zu denken und etwas weniger Wert auf Anerkennung von außen zu legen. Sonst wird man, wenn man nicht aufpasst, nur ausgenutzt.

Gerade weil wir soziale Wesen sind, ist es wichtig, sich über die Mechanismen von People Pleasing bewusst zu werden: Was macht einen eigentlich zum People Pleaser? Was hat die Erziehung damit zu tun? Welche Rolle spielt die Kommunikation, und warum lassen sich People Pleaser so leicht manipulieren? Wie werden sie zuweilen selbst zu Manipulatoren? Was haben Rollenklischees mit dem Phänomen zu tun? Und inwiefern ist Egoismus tatsächlich gesund, gerade für Menschen mit Neigung zum People Pleasing?

Keine Angst – nachdem du dieses Buch gelesen hast, wirst du garantiert nicht zum ungehobelten Egoisten oder zum narzisstischen Egozentriker. Es geht nicht darum, nie wieder nett und hilfsbereit zu sein. Das wäre ja furchtbar! Vielmehr geht es darum, das Gleichgewicht zu wahren: hilfsbereit, menschlich und sozial zu sein, aber sich selbst nicht aufzugeben und sich vor allem nicht ständig mit anderen zu vergleichen. Wer diesen Balanceakt beherrscht, wird ein ausgeglicheneres, erfolgreicheres und zufriedeneres Leben führen.

Und richtig happy sind wir am Ende nur dann, wenn sich gegenseitiges Pleasing die Waage hält. Klingt gut, oder?

Heike Abidi

SEI ALLES, AUSSER BRAV!

Hast du dich schon einmal gefragt, warum das deutsche Wort »brav« etwas so komplett anderes aussagt als das englische *brave*, das ja bekanntlich »tapfer« bedeutet? Und dann gibt's ja noch das italienische *bravo*, das so gar nicht dazu zu passen scheint.

Tatsache ist: All diese Wörter stammen vom lateinischen *barbarus* ab, das mit unserem »barbarisch« verwandt ist und sich mit »unkultiviert, wild« übersetzen lässt. Im Lauf der Zeit und über internationale Umwege verschob sich die Bedeutung zu »wild und grausam«, aber auch zu »tapfer und tüchtig«.

Während im Englischen die Tapferkeit dominiert, interpretieren wir Deutschen eher den Aspekt der Tüchtigkeit und der Eignung beziehungsweise Brauchbarkeit – und so wird unser »brav« vor allem mit folgsam, redlich und gehorsam in Verbindung gebracht. Was hat das nun mit People Pleasing zu tun? Ganz einfach: Betroffene erhoffen sich für braves Verhalten ein Bravo – aber ein *Braveheart* wird so leider nie aus ihnen ...

Wofür wir gelobt werden

Wir sitzen im Restaurant – keinem besonders feinen, eher einer Art Bistro, aber es ist gemütlich, günstig und bekannt für seine leckeren Salate und eine Spielecke. Wir, das sind meine Freundin Alex, ihre beiden Kinder und ich. Mia und Jacob sind drei und fünf. Beide sehr aufgeweckt und drollig, aber nicht unanstrengend. Denn natürlich haben sie weder die Geduld, länger als zehn Minuten stillzusitzen, noch Lust, leise zu sein. Kaum sind sie satt, fangen sie an, sich gegenseitig mit den Resten ihrer Brezel zu bewerfen und dabei laut herumzujauchzen.

Alex bittet sie immer wieder, sich zu benehmen, aber da könnte sie ebenso gut mit der Wand reden. Als die Zwerge aufstehen wollen, erlaubt sie ihnen, in die Spielecke zu gehen. Aber warum sich auf eine Ecke beschränken, wenn man im ganzen Lokal so herrlich herumrennen und Fangen spielen kann?

»Das ist doch hier kein Abenteuerspielplatz«, empört sich ein Herr am Nebentisch, und ich frage mich unwillkürlich, wie er wohl als Fünfjähriger so drauf war.

»Ungezogene Bande«, ergänzt seine Begleitung, eine humorlose Perlenkettenträgerin, der ich es durchaus zutraue, sich als Kind kein einziges Mal schmutzig gemacht zu haben. Wie traurig für sie.

Alex zuckt zusammen. Die kritischen Kommentare sind ihr sichtlich unangenehm. Und ich kann das gut nachempfinden: Wer will schon, dass der eigene Nachwuchs als störend empfunden wird?

Noch unangenehmer ist ihr aber der Vergleich mit jener Mutter einen Tisch weiter, deren Sprösslinge weder schreien noch zappeln, sondern gehorsam an ihrem Essen herumnagen. Die Frau – nennen wir sie Annabell – sonnt sich in den anerkennenden Blicken der anderen Gäste. So ein liebes Mädchen! So ein artiger Junge! Wer könnte sich an Annabells Stelle da ein überhebliches Lächeln verkneifen, vor allem angesichts des offensichtlichen Versagens meiner Freundin Alex?

»Ich bin eine furchtbare Mutter«, raunt sie mir zu. »Warum müssen sich meine beiden bloß immer so unmöglich aufführen? Können sie nicht ein einziges Mal brav sein?«

Ich finde, dass sie eine hervorragende Mutter ist – allerdings auch eine gestresste und momentan arg unter Druck stehende. Deshalb schlage ich vor, mit den Kindern in den Park zu gehen. Dort können sie nach Herzenslust herumtoben, ohne dass jemand sich darüber mokiert. Und ich kann in Ruhe mit Alex reden.

»Definiere brav«, sage ich.

Überrascht schaut sie mich an. »Jeder weiß doch, was das bedeutet.«

»Stell dir vor, ich wäre ein Alien und wüsste es eben nicht. Erkläre es mir.«

Ich zücke ein Notizbüchlein, das ich zwecks Ideensammlung immer mit mir herumtrage. Eine Viertelstunde später lese ich ihr meinen Mitschrieb vor:

Brave Kinder …

- … tun, was man ihnen sagt.
- … stellen Anweisungen nicht infrage und diskutieren nicht.
- … machen sich nicht dreckig.
- … sind nicht unangemessen laut.

- ... stören Erwachsene nicht bei dem, was sie tun.
- ... können auch mal still sitzen bleiben.

Kurze Zwischenfrage: Wärst du nach dieser Definition ein braves Kind gewesen? Ich hoffe nicht!

»Brave Kinder unterdrücken also sowohl ihren natürlichen Bewegungsdrang als auch ihre Fantasie und ihre angeborene Neugier, um ihren Eltern und überhaupt Erwachsenen zu gefallen«, fasse ich zusammen. »Merkst du was?«

»Krass«, erwidert Alex verblüfft. »Meine Kinder sind doch keine Haustiere!« Und nach ein paar weiteren Sekunden fügt sie hinzu: »Ich bin froh, dass Mia und Jacob nicht so ticken. Schließlich will ich, dass sie sich zu starken Menschen entwickeln.«

Ganz ähnlich ... nur völlig anders

»Meine Kinder sind doch keine Haustiere«, hat Alex gesagt. Und doch hält sich die Theorie hartnäckig, einen Hund abzurichten, sei so ähnlich, wie ein Kind zu erziehen – für beides brauche man liebevolle Strenge, gutes Timing und Konsequenz. Es gab sogar mal eine TV-Sendung mit dem Titel *Train Your Baby Like A Dog*, bei der es darum ging, erwünschte Verhaltensweisen der lieben Kleinen durch positive Verstärkung zu fördern. Kleinkinder mit Leckerli konditionieren – das klingt zwar komisch, scheint aber in einem gewissen Maß zu funktionieren.

Trotzdem ist Alex' Einwand vollkommen berechtigt. Liebevolle Strenge, schön und gut, aber welche Eltern sind schon immerzu konsequent? Und das ist auch überhaupt kein

Drama, denn Menschenkinder begreifen es durchaus, wenn man nachträglich erklärt: »Gestern hab ich mal eine Ausnahme gemacht, da war ich einfach total müde und hatte Kopfschmerzen, aber heute gelten wieder die gewohnten Regeln, okay?«

Mit so einem Vortrag braucht man seinem Vierbeiner gar nicht erst zu kommen. Der versteht nämlich nur »chang-dong-wabumm-kawups-die-watsch«.

Tja, Hundesprache müsste man können! Aber auch das würde wenig nützen – denn für Begriffe wie »gestern«, »Ausnahme« und »ab heute« gäbe es da garantiert keine Übersetzung. Hunde leben ausschließlich im Hier und Jetzt – Vergangenheit und Zukunft existieren für sie einfach nicht. Die Glücklichen!

Aber ich schweife ab. Denn eigentlich spielt das alles gar keine Rolle, und der grundlegende Unterschied zwischen Kinder- und Hundeerziehung ist ein völlig anderer. Er betrifft nämlich nicht die Methode, sondern die Frage, welche Absicht man damit verfolgt.

Was heißt hier gut erzogen?

Die Erziehung eines Hundes gilt als gelungen, wenn er seinem Zweibeiner aufs Wort gehorcht, seine Impulse kontrollieren kann und entspannt an der Leine läuft, kurz: seinen Menschen als Rudelführer akzeptiert und ihm voll vertraut.

Je klarer die Rangordnung ist, desto harmonischer das Zusammenleben. Der Zweibeiner führt, der Vierbeiner folgt. Darum geht es – genau das ist das Ziel des Ganzen.

Von wegen »bester Freund des Menschen« – auch wenn die Bindung sehr eng ist, wird es doch nie eine Beziehung auf Augenhöhe sein.

Die Hundeerziehung ist darauf ausgerichtet, dass sich diese hierarchische Konstellation nie mehr verändert. Die Machtverhältnisse bleiben einzementiert. Und natürlich geht es niemals darum, den Vierbeiner auf ein Leben in Freiheit vorzubereiten. Also darauf, dass er irgendwann auszieht, seine Zweibeiner zurücklässt, die Welt entdeckt und ein eigenes Rudel gründet.

Und da haben wir ihn auch schon identifiziert, den alles entscheidenden Unterschied! Denn unsere Kinder sollen, ja müssen sogar eines Tages ohne uns durchs Leben gehen können. Und unsere Erziehung zielt darauf ab, sie dafür stark zu machen.

Zum Glück haben meine Eltern mich nicht so erzogen, als wäre ich ein Dackel – und deine dich hoffentlich auch nicht!

People Pleaser – dressiert zum Bravsein?

Eigentlich liegt es ja auf der Hand, aber vielleicht muss es einfach mal laut ausgesprochen (oder zumindest in einem Buch aufgeschrieben) werden, damit es uns allen so richtig bewusst wird: Wer seine Kinder zu folgsamen Schoßhündchen erzieht, darf sich nicht wundern, wenn sie später schwache, unsichere Erwachsene werden.

Das hat die hochmütige Annabell aus dem Bistro wohl nicht bedacht, als sie sich in den anerkennenden Blicken ihrer Umsitzenden sonnte. Gut möglich, dass das liebe Mädchen und der artige Junge später einmal voller Komplexe stecken, ohne Selbstbewusstsein durchs Leben stolpern und absolut prädestiniert dafür sind, People Pleaser zu werden. Und dass diejenigen von uns mit People-Pleaser-Tendenzen früher vielleicht ein bisschen zu sehr auf Gehorsam getrimmt wurden.

Ich übertreibe? Vielleicht. Ein ganz klein wenig. Natürlich wird nicht aus jedem gehorsamen Kind ein Erwachsener, der sich permanent verbiegt, nur um anderen zu gefallen. Doch wer fürs Bravsein immer wieder gelobt wird, gewöhnt sich Verhaltensweisen an, die genau dafür prädestinieren.

Du willst Beispiele? Kein Problem! Darf ich vorstellen: Anne, Torben, Lily, Kai und Margit sind People Pleaser par excellence. Und oh, sie waren so brave Kinder! Schauen wir uns mal an, was die Verhaltensweisen, für die sie einst gelobt wurden, im Erwachsenenalter aus ihnen gemacht haben.

Anne (37): So gut wie unsichtbar

Schon als kleines Mädchen war es Anne wichtig, nicht aufzufallen. Vor allen Dingen nicht unangenehm aufzufallen. Deshalb verhielt sie sich meistens extrem ruhig. Die kleine Anne konnte stundenlang dasitzen und lesen, malen, puzzeln, mit ihren Puppen spielen oder – dafür gab's noch mehr elterliches Lob! – aufräumen. Sie sprach leise und nur, wenn sie etwas gefragt wurde. Ein rücksichtsvolles, höfliches Kind. Oder anders gesagt: Ihr fehlte eine ordentliche Portion Pippi-Langstrumpf-Wildheit!

Jedenfalls machen ihr Fleiß und ihre Disziplin sie zu einer erstklassigen Sachbearbeiterin. Während andere stundenlang in der Teeküche tratschen oder im Internet surfen, arbeitet sie still und emsig weg, was erledigt werden muss. Dreimal darfst du raten, wer bei Beförderungen immer wieder übergangen wird? Na klar – Anne. Sie ist so unauffällig, dass ihre Vorgesetzten nicht einmal bemerken, was sie leistet.
Schade für Anne. Aber würde sie sich deswegen beklagen? Niemals. Sie will schließlich nicht auffallen. Und schon gar nicht unangenehm ...

Torben (44): Süchtig nach Feedback

Als ausgesprochen gehorsamer Junge hatte Torben großen Respekt vor seinen Eltern, den Lehrern, überhaupt vor allen Erwachsenen. Ihre Anweisungen zu missachten, wäre ihm niemals eingefallen. Zu schön war es, für sein artiges Verhalten gelobt zu werden. Hätte er bloß mal öfter im Dreck gespielt!
Sein Wertesystem basiert auch heute noch komplett auf dem Urteil anderer, denn er hat nie darüber nachgedacht, was er selbst gut findet und was nicht.
Einen Traum gegen alle Widerstände durchzusetzen, käme ihm nie in den Sinn. Während andere ihr Studium hinschmissen, um Rockstar oder Profifußballer zu werden,

oder auf einen gut bezahlten Job verzichteten, weil ihnen ein anderer mehr Spaß machte, folgte Torben immer dem vorgezeichneten Weg.
Denn das, wofür er brannte, war die Anerkennung von außen: »Gut gemacht, Torben!« – »Auf dich kann man sich verlassen, Torben!« – »Wenn du nicht wärst, Torben!«
Er braucht dieses positive Feedback dringend, denn sein Selbstwertgefühl basiert einzig und allein darauf. Nicht auszumalen, wie es ihm geht, wenn es einmal ausbleibt.

Lily (25): Bloß keine Fehler machen

Auch Lily war schon immer sehr gut darin, Regeln und Anweisungen zu befolgen. Sehr zur Freude ihrer Eltern – und später zu der ihrer Vorgesetzten. Sie ist pünktlich, gewissenhaft, zuverlässig, ordentlich, loyal, sorgfältig. Sie gilt als Perfektionistin.
Die Kehrseite der Medaille: Lily hat panische Angst davor, etwas falsch zu machen. Neue Aufgaben erschrecken sie, und jedes Abweichen vom üblichen Pfad stellt für sie ein Risiko dar, das sie lieber nicht eingeht.
Leider ist Lily auf die Herausforderungen des Lebens damit nur unzureichend vorbereitet. Probleme zu lösen, erfordert nämlich ein gewisses Maß an Kreativität. Doch wer lieber Regeln befolgt, als unkonventionell zu denken, handelt in Krisensituationen nicht besonders flexibel.

Kai (53): Recht haben heißt nicht recht bekommen

Ein braver Junge gibt keine Widerworte, so hat es Kai gelernt. Er hat früh akzeptiert, dass man nicht immer Zustimmung bekommt, auch wenn man eigentlich im Recht ist. Aber deswegen streiten? Nein, das wäre ihm unangenehm gewesen.

Noch heute ist das so. Auseinandersetzungen geht er tunlichst aus dem Weg. Was Kai will, ist Harmonie. Und das um wirklich jeden Preis – sowohl im privaten wie auch im beruflichen Umfeld.

Aber es gibt nun mal kein Leben ohne Konflikte. Und weil er nie gelernt hat, auf seinem Standpunkt zu beharren, ihn zu verteidigen und entsprechend zu argumentieren, hat auch der erwachsene Kai stets das Nachsehen. Was schade ist, denn eigentlich ist er sehr clever und seine Ideen wären oft klüger als die seiner Mitmenschen, die sich durchsetzen.

Margit (56): Nein ist keine Option

Wer brav gehorcht und niemals widerspricht, wird prompt gelobt und entsprechend belohnt, diese Lektion hat Margit in ihrer Kindheit gelernt.

Was sie dagegen nicht gelernt hat, ist, einmal Nein zu sagen. Beispielsweise wenn sei gebeten wird, unangenehme Aufgaben zu erledigen. Natürlich übernimmt sie den Kuchenbasar, die Weihnachtspost, das Amt im Verein. Selbstverständlich schiebt sie Überstunden, räumt anderen hinterher, opfert ihre Freizeit.
Nur leider stellt sich – anders als in der Kindheit – die erhoffte Reaktion ihrer Mitmenschen immer seltener ein. Nichts anderes ist man von ihr gewohnt, ihr Engagement wird als normal erachtet. Doch die Anerkennung fehlt ihr. Umso mehr strengt sie sich an – ein Teufelskreis.
Und es kommt noch schlimmer: Nicht nur das Lob bleibt aus. Es gibt ja generell im Leben keine Erfolgsgarantie. Im Gegenteil, Misserfolge gehören einfach dazu – niemand ist davor gefeit. Doch Margit hat nie gelernt, damit umzugehen. Scheitern bedeutet für sie daher keine Chance, zu wachsen und zu lernen, sondern eine persönliche Niederlage, an der sie schwer zu knabbern hat.

Falls du selbst so ein braves Kind warst: Jetzt wäre der perfekte Moment, das hinter dir zu lassen! Und falls du Kinder hast: Überleg dir gut, wofür du sie in Zukunft loben willst.

Meine Freundin Alex hält die kritischen Blicke fremder Menschen inzwischen schon viel besser aus, wenn ihre Rasselbande mal wieder über die Stränge schlägt. Zuweilen allerdings würde sie den Annabells dieser Welt gerne die Zunge rausstrecken. Was wiederum alles andere als brav wäre.

Liebe Eltern, keiner hat gesagt, es würde leicht werden

Zugegeben, wer seine Kinder nicht dazu erzieht (oder soll ich lieber sagen: dressiert), immer brav zu sein, hat es schwerer. Dieses ständige Diskutieren. Und Begründen. Nicht zu vergessen das nervige Erklären!

Und dann muss man hin und wieder auch mal zurückrudern. Oder sich informieren. Womöglich sogar umdenken. Einfach mit »weil« zu antworten, läuft nicht. Genauso wenig, wie auf natürlicher Autorität zu bestehen. Echt mühsam! Meine Freundin Alex kann ein Lied davon singen.

Mia und Jacob – ihre Kinder – hast du ja schon kennengelernt. Sie sind lieb, aufgeweckt, drollig – und furchtbar anstrengend. Manchmal wünscht sich Alex, ihre beiden wären so artig wie Annabells Nachwuchs. Doch dann macht sie sich bewusst, warum sich der beschwerlichere Weg letztendlich lohnt ...

Jacob denkt und fragt

Letzten Sommer fuhren Alex und ihr Partner Simon mit den beiden Kindern an den Gardasee. Während die dreijährige Mia fast die ganze Fahrt verschlief, kam der fünfjährige Jacob vor lauter Aufregung nicht zur Ruhe. Auf die »Wann sind wir endlich da?«-Dauerschleife hatte sich Alex eingestellt, doch was Jacob wissen wollte, war etwas an-

deres. Seine Frage (natürlich ebenfalls in Dauerschleife) lautete nämlich: »Wo genau beginnt der Urlaub?«
Alex und Simon hatten ihm ein Foto von dem gemieteten Ferienhaus gezeigt, und nun überlegte Jacob, ob der Urlaub genau dann anfängt, wenn dieses Haus in Sicht kommt. Oder vielleicht erst in dem Moment, wenn man es betritt? Möglicherweise hat er aber längst angefangen. Gehört die Fahrt schon dazu? Und was ist mit dem Kofferpacken? Fängt damit der Urlaub an? Aber wenn die Fahrt bereits Bestandteil des Urlaubs ist, warum ist sie dann so langweilig? Sollte Urlaub nicht Spaß machen?
Wohlgemerkt: Der kleine Jacob bombardierte seine Eltern nicht deshalb mit all diesen Fragen, weil er sie in den Wahnsinn treiben wollte. Auch wenn ihm das spätestens am Brenner beinahe gelungen wäre. Sondern aus purem Wissensdurst. Waren wir denn nicht alle so? (Serviervorschlag am Rande: Vielleicht wäre heute der richtige Tag, deinen Eltern für ihre unglaubliche Geduld zu danken, wenn du als Dreikäsehoch mal wieder auf dem »Warum?«-Trip warst.)
Interessanterweise brachte Jacob seine Eltern damit nicht nur gehörig ins Schwitzen, sondern auch zum Nachdenken. Nämlich darüber, warum sie die Fahrt als notwendiges Übel betrachteten statt als aufregenden ersten Teil ihrer Reise, der dazu dient, die Vorfreude zu steigern.
Sie hörten auf, sich über Staus zu ärgern und Kilometer zu zählen, sondern machten Spiele, sangen Lieder und dachten sich gemeinsam mit Jacob lustige Geschichten aus.

Fazit: Tja, Neugier ist eben gut gegen Langeweile – und macht außerdem kreativ!
Pluspunkt: Seine Überlegungen und das Fragenstellen fördern Jacobs Fähigkeit, unabhängig zu denken. Dass die Eltern seine Fragen ernst genommen haben, stärkt zudem sein Selbstvertrauen.
Bonus: Auch die Eltern haben etwas dazugelernt, und vor allem hat Jacobs Fragerei zu gemeinsamen Aktivitäten geführt – was wiederum die Eltern-Kind-Beziehung festigt.
Besser geht's nicht!

Mia will aber nicht!

Die Großeltern sind empört: Mia will ihnen zur Begrüßung kein Küsschen geben. Nicht mal eine Umarmung lässt sie zu. »Ich will das nicht«, verkündet sie. »Aber wir haben dich doch lieb«, bettelt Oma, und Opa findet es unmöglich, dass Alex und Simon dem kleinen Mädchen solche »Marotten« durchgehen lassen.
Alex fühlt sich gestresst, weil ihre Eltern enttäuscht sind. Gleichzeitig findet sie es selbst schade, dass Mia zurzeit überhaupt nicht kuscheln will. Nicht mal mit ihr.
Simon ist da entspannter. »Sie wird es uns schon mitteilen, wenn sie wieder geknuddelt werden will.« Und er behält recht. Ein paar Monate später ist die Nicht-küssen-und-umarmen-Phase vorbei.

Fazit: Nein heißt Nein – das gilt für alle, auch für Kinder!
Pluspunkt: Mia entscheidet selbst, wer sie berühren darf. Niemand hat das Recht dazu, ihr einen Kuss oder eine Umarmung aufzuzwängen, obwohl sie das nicht will. Das stärkt Mias Selbstbewusstsein und schützt sie vor Missbrauch.
Bonus: Auch die Eltern und Großeltern machen eine Lernerfahrung. Nur weil sie erwachsen sind, dürfen sie noch lange nicht über Mias Körper bestimmen.
Respekt und Grenzen sind keine Altersfrage!

Jacob findet das voll unfair

Jeden Abend liest Simon seinem Sohn eine Gute-Nacht-Geschichte vor. Michel aus Lönneberga liebt er ganz besonders. Kein Wunder, schließlich ist er dem berühmtesten aller Lausejungen gar nicht so unähnlich. Vielleicht reagiert er deshalb immer so empört darauf, wenn Michel für seine Streiche bestraft wird, obwohl er es doch eigentlich immer gut meint.
Oder es liegt einfach nur an Jacobs großem Gerechtigkeitssinn. Wann immer ihm etwas voll unfair erscheint, fängt er an zu diskutieren. »Warum darf ich nicht länger aufbleiben? Die anderen Kinder müssen nicht so früh ins Bett gehen!« – »Wieso ist meine Medienzeit so kurz, aber ihr habt das Handy andauernd bei euch?« – »Weshalb zählen Gummibären nicht als Obst, sie sind doch auch klein und bunt, genau wie Himbeeren, Brombeeren und Stachelbeeren?«

Zum Glück ist Simon ein extrem geduldiger Mensch. Sachlich und ruhig tauscht er mit seinem Sohn Argumente aus, und hin und wieder muss er sogar zugeben: »Der kleine Mann hat recht.«
Natürlich gibt es Regeln, die sich nicht wegdiskutieren lassen. Zum Beispiel, dass man nicht die ganze Nacht über wachbleiben darf. Aber das sieht Jacob letztendlich selbst ein – nachdem er sich die Begründung seines Vaters angehört hat. (»Weil ich das sage« zählt übrigens nicht als Argument ...) Der kleine Mann findet sogar megaspannend, wie wichtig Schlaf für den menschlichen Körper ist und was passiert, wenn man zu lange wach bleibt.

Fazit: Diskutieren will gelernt sein. Und wer es als Kind nicht übt, bekommt in der Elternschaft eine zweite Chance.
Pluspunkt: Es ist wichtig, dass Jacob versteht: Argumente führen eher zum Ziel als Betteln, Jammern, Schreien und Toben. Er lernt, sich zu behaupten und seinen Standpunkt zu verteidigen.
Bonus: Jacob erlebt, dass sein Vater ihn ernstnimmt. Das stärkt die Bindung der beiden und natürlich auch Jacobs Selbstvertrauen.
Perfekte Vorbereitung für Schule, Beruf und Partnerschaft!

Mia will die Welt verstehen

Neulich war ich mit Mia im Zoo. Den Ausflug hatte ich ihr zum Geburtstag geschenkt, und die Kleine freute sich riesig

darüber. Ihre Begeisterung war umwerfend. Wie sie jubelte, als sie die Waschbären beobachtete! Wie sie staunte, als ihr klar wurde, wie riesig Elefanten sind! Wie sie kicherte, als die Schimpansen ihre Kletterkünste vorführten!
Natürlich war ich auf jede Menge Fragen vorbereitet und hatte mir extra eine App aufs Handy geladen, um kindgerechte Infos über Tiere aller Art jederzeit abrufen zu können. Prompt konnte ich also erklären, dass Flamingos rosa sind, weil sie sich von kleinen Krebstieren ernähren, die denselben Farbstoff enthalten wie Karotten, und dass Giraffen so einen langen Hals brauchen, um besser an ihre Nahrung, die Blätter der Bäume, zu kommen. Schwieriger wurde es, als Mia wissen wollte, warum Zebras Streifen haben und wie Fische unter Wasser atmen können. Doch es gelang mir, ihr auch die Sache mit der Tarnung und den Kiemen einigermaßen verständlich zu machen.
So richtig auf dem Schlauch stand ich dann aber, als sie fragte, warum Elefanten so lange Rüssel haben und Pferde nicht, weshalb Schildkröten so langsam sind und warum Löwen Fleisch fressen – könnten sich nicht alle Tiere einfach von Gras ernähren?
Natürlich hätte ich da einfach sagen können: »Weil das nun mal so ist.« Das hätte sie vermutlich akzeptiert. Aber das kam natürlich nicht in die Tüte. Ich versprach ihr, die Antworten auf all ihre Fragen herauszufinden, und notierte sie sorgfältig. Bei unserem nächsten Treffen lieferte ich die gewünschten Informationen nach. Und – noch etwas viel Besseres – einen Gutschein für eine Führung durch den Tierpark mit der Zoodirektorin.

Fazit: Kinder haben von Natur aus Lust aufs Lernen – wir müssen nur dafür sorgen, dass die Flamme der Neugier nicht erlischt!

Pluspunkt: Obwohl Mia noch so klein ist, ist ihr Interesse an der Welt riesengroß. Sie in ihrem Wissensdurst zu bestärken, ist wichtig für ihre intellektuelle Entwicklung.

Bonus: Es schadet nichts, Kindern zu gestehen, dass man selbst nicht allwissend ist – denn das ist ein echter Vertrauensbeweis, der die Beziehung stärkt. Zudem lernen sie, dass niemand perfekt ist.

Gemeinsam Neues erfahren verbindet!

Alles, bloß nicht artig!

Vergleichen wir noch einmal mit dem traditionellen autoritären Erziehungsstil, bei dem Gehorsam oberstes Ziel war. Ich denke, die Tabelle spricht für sich ...

	Brave Kinder ...	**Anstrengende Kinder ...**
... werden kreativer und selbstständiger		✔
... lernen, kritisch zu denken und eigene Schlüsse zu ziehen		✔
... entwickeln eine bessere Problemlösekompetenz		✔
... bekommen ein starkes Selbstwertgefühl		✔

	Brave Kinder ...	**Anstrengende Kinder ...**
... lassen sich nicht so leicht manipulieren		✔
... können sich durchsetzen und ihren Standpunkt vertreten		✔
... treffen Entscheidungen viel selbstständiger		✔
... weichen Konflikten nicht aus und lernen, Kompromisse zu schließen		✔
... legen weniger Wert auf die Meinung anderer		✔
... machen es ihren Eltern im Alltag einfacher	✔	

Okay, das ist wohl ziemlich eindeutig, oder?

Neue Loblieder sind gefragt!

Eine Frage ist noch offen: Wenn man seine Kinder schon nicht fürs Bravsein loben sollte, wofür dann?

Ich habe mich umgehört und nachahmenswerte Beispiele gesammelt. Hier eine kleine Sammlung – die du gerne erweitern darfst:

- **Für Selbstständigkeit:** Zum Beispiel beim Anziehen, auch wenn das vielleicht länger dauert und die Farb- und Musterzusammenstellung etwas unkonventionell ausfällt.

- **Für Ehrlichkeit:** Wenn ein Kind traurig ist, sich Sorgen macht, ein Problem hat, einen Fehler einsieht, fällt es ihm nicht leicht, offen darüber zu sprechen. Umso toller, wenn es das doch tut!
- **Für Anstrengung:** Ist doch egal, wenn ein Kind nicht schneller laufen, besser kopfrechnen, flüssiger lesen oder schöner Klavier spielen kann als alle anderen. Einsatz und Durchhaltevermögen zählen!
- **Für Empathie:** Ein Kind freut sich mit einem Geschwisterkind oder ist ebenfalls traurig, weil ein Freund es ist? Beides ein Zeichen für emotionale Intelligenz – wunderbar!
- **Für Konfliktfähigkeit:** Konflikten aus dem Weg zu gehen, erscheint vielen als einfachere Lösung. Aber sie ist nicht die beste. Einen Konflikt friedlich austragen und eine Lösung finden, ist eine große Leistung!
- **Für Mut:** Wenn alle anderen über den Neuling in der Gruppe lachen, erfordert es Mut, dagegenzuhalten. Ein Kind, das aufsteht und mit dem Neuen spielt, zeigt echte Zivilcourage. Klasse!

Übrigens: Es ist nie zu spät

Du wurdest früher weder fürs Diskutieren gelobt noch für Empathie oder eine Vier in Mathe, obwohl du dich so angestrengt hast, sondern nur fürs Stillsitzen und Ruhigsein und für Höflichkeit?

Okay. Das waren andere Zeiten. Oder deine Eltern wussten es einfach nicht besser. Und mag sein, dass das eine Tendenz zum People Pleasing mitverursacht hat. Aber hey, du bist erwachsen! Und du durchschaust jetzt die Zusammenhänge. Das heißt, du kannst an dir arbeiten. Ja, aus braven Kindern werden oft People Pleaser, aber so musst du ja nicht bleiben. Auch du hast das Zeug zum *Braveheart*!

Niemand ist für das Glück anderer verantwortlich

Es soll ja Eltern geben, die ein Kind bekommen, damit es ihre Ehe rettet. Spoileralarm: Superschlechte Idee. Klappt meistens nicht.

Und sowieso: Wie kann man von einem winzigen Würmchen, das noch nicht mal seinen eigenen Kopf halten kann, so etwas erwarten?

Tja, und das ändert sich auch nicht, wenn das Würmchen älter wird. Es ist nicht verpflichtet, die Träume seiner Eltern zu verwirklichen. Fußballprofi zu werden, bloß weil der Vater damals seine eigenen Ambitionen aufgrund einer Verletzung aufgeben musste. Oder Popstar, weil die Mutter im Chor so schön gesungen, aber niemand sie zum Casting gefahren hat ...

Wenn es sich trotzdem so ergibt, schön und gut. Aber jeder hat nun mal das Recht auf eigene Träume!

Kinder wollen sich ausprobieren. Ihre Talente entdecken. Herausfinden, was ihnen Spaß macht. Doch manchmal wird ein Hobby zur Karriere, die sich verselbstständigt und aus der das Kind nicht mehr herauskommt, ohne – wie es glaubt – seine Eltern zu enttäuschen. So ist es beispielsweise Sarah passiert.

Eltern-Pleasing: Wenn aus Spaß plötzlich Ernst wird

Natalie und Guido, Sarahs Eltern, waren Gründungsmitglieder des örtlichen Tennisvereins. Als erfolgreiche Geschäftsleute gehörten sie zur Oberschicht des Kleinstädtchens, in dem sie lebten, und der Verein bot die perfekte Gelegenheit, sich sehen zu lassen, Kontakte zu verfestigen und den sozialen Status zu manifestieren. Guido ließ sich sogar zum ersten Vorsitzenden wählen und Natalie wurde Übungsleiterin für den Nachwuchs.

Natürlich nahm sie auch Klein-Sarah mit zum Training, obwohl sie mit ihren gerade mal fünf Jahren deutlich jünger war als alle anderen im Kurs. Und siehe da – das Mädchen steckte die älteren Kinder locker in den Sack. Wie sie den Schläger hielt, wie sie sich bewegte, wie präzise ihr Aufschlag schon bald war ... Ja, Sarah war eine Klasse für sich. Weshalb sie auch bald Einzeltraining bekam – allein schon, um die anderen Kinder nicht zu frustrieren.

✣ ✣ ✣

Natalie überließ das Gruppentraining einem anderen Vereinsmitglied und konzentrierte sich auf die Förderung ihrer Tochter. Fünf Mal pro Woche standen sie auf dem Platz oder in der Trainingshalle. Nicht weil Natalie sie dazu trieb, sondern weil Sarah das selbst so wollte. Mit dem Schläger in der Hand war sie happy! Und natürlich wollten Natalie und Guido, dass ihre Tochter glücklich wurde.

Natürlich fragten sie sich zwischendurch, ob es nicht besser wäre, ihr auch andere Freizeitangebote zu machen. Denn mit Schule und Training war das Mädchen voll ausgelastet. Da blieb keine Zeit mehr für Freundschaften oder weitere Hobbys. War das nicht etwas arg einseitig? Aber Sarah wollte es genau so. Ihr fehlte nichts. Wenn sie nur Tennis spielen durfte!

✢ ✢ ✢

Natalie musste ihre Arbeitszeit im Geschäft zurückschrauben, aber das war es ihr wert. Noch hielten sich die Kosten für Sarahs Sport in Grenzen. Der Vereinsbeitrag war nicht übermäßig hoch. Zwar verschliss sie jede Menge Trainingsschuhe, Sportklamotten und Schläger, aber dafür legte sie kaum Wert auf schicke Outfits oder andere teure Extras.
Sarah gewann ein regionales Juniorenturnier nach dem anderen, und als sie zehn war, bestritt sie sogar ihr erstes überregionales Turnier. Inzwischen besiegte sie selbst ihre Eltern regelmäßig, und den beiden wurde klar: Sie konnten Sarah nichts mehr beibringen.
Ab sofort kutschierte Natalie ihre Tochter mehrmals pro Woche in die siebzig Kilometer entfernte Großstadt, damit diese dort von einem renommierten Trainer weiter gefördert wurde. Hausaufgaben erledigte Sarah im Auto. Sie war eine gute Schülerin, aber kein Schulfach konnte sie so richtig begeistern. Tennis war das einzige Thema, das sie wirklich interessierte.
Und weil das so war, nahmen Guido und Natalie auch gern die immer höher steigenden Kosten für den Sport ihrer

Tochter auf sich: die Fahrtkosten zum Training und zu den Turnieren, die Unterkünfte dort, nicht zu vergessen die teuren Trainerstunden.
Aber das Ganze war ja längst schon viel mehr als nur ein normales Hobby. Sarah sprach immer öfter davon, Profispielerin werden zu wollen, und ihr Trainer war sicher, dass sie es schaffen konnte. Sie hatte alles, was dafür nötig war: Ihre Kondition war hervorragend, ihre Beweglichkeit überragend, ihr Reaktionsvermögen superschnell, ihr Timing schier unglaublich, ihre Spielstrategie für ihr Alter ganz erstaunlich. Hinzu kamen ein angeborenes Ballgefühl und Sarahs mentale Stärke, der sie es verdankte, dass sie bei Wettkämpfen auch Gegnerinnen besiegte, die eigentlich schon weiter waren als sie.
Mit zwölf bestritt Sarah ihr erstes nationales Jugendturnier und mit dreizehn das erste internationale. Die Reisekosten stiegen, hinzu kamen jetzt auch noch die Turniergebühren. Natalie war zu diesem Zeitpunkt längst aus dem Berufsleben ausgestiegen, Guido leitete das Geschäft nun alleine. Um Sarahs Ausbildung zu finanzieren, verkauften sie sogar ihr Ferienhaus in der Provence. Sie hatten ja eh keine Zeit mehr, es zu nutzen – normale Urlaube gab es längst nicht mehr, sie reisten nur noch zu Sarahs Turnieren. Die junge Spielerin war inzwischen in der nationalen Jugendrangliste gut platziert, und niemand zweifelte mehr daran, dass aus ihr eine international erfolgreiche Profispielerin werden würde.

✢ ✢ ✢

Doch dann passierten mehrere Dinge gleichzeitig: Sarah machte innerhalb weniger Monate einen gewaltigen Wachstumsschub, was sie ziemlich aus der Bahn warf. Bewegungsabläufe, die sie bisher im Schlaf beherrschte, machten ihr auf einmal Schwierigkeiten, sie musste sie regelrecht neu erlernen. Ihr Körper erschien ihr fremd und sie bekam Koordinationsprobleme. Auch die Muskulatur schien sie auf einmal im Stich zu lassen – sie war nicht mehr so optimal verteilt wie zuvor. Und obwohl Sarah noch härter trainierte als jemals zuvor, wurde ihr Tennis schlechter. Sie verlor häufiger und büßte dabei an Selbstvertrauen ein. Ihre mentale Stärke war beschädigt, und irgendwann wurde ihr bewusst, dass der Sport ihr längst nicht mehr so viel Spaß machte wie früher.
In der Schule hatte ein neuer Kunstlehrer die Leidenschaft fürs Zeichnen bei ihr geweckt. Sie bewies großes Talent, aber leider blieb ihr viel zu wenig Zeit für ein neues Hobby. Und dann verliebte sie sich auch noch. In einen neuen Mitschüler, der mit Tennis überhaupt nichts am Hut hatte, sondern Schlagzeuger in der Schulband war und ein Genie beim Schach.
Sarah wollte mehr Zeit mit ihm verbringen. Und zeichnen. Und jung sein! Sie spürte, wie ausgelaugt sie war. Seit sie klein war, hatte sie immerzu durchgepowert. Zeit zum Faulenzen, Entspannen, Rumgammeln, Nichtstun hatte es nie gegeben. Auf einmal merkte sie, wie sehr ihr das fehlte.

✣ ✣ ✣

Am liebsten hätte Sarah das Tennisspielen auf ein normales Maß zurückgefahren. Ein- oder zweimal pro Woche, das würde doch genügen. Dann könnte sie auch wieder Freude dabei empfinden. So als Ausgleich. Aber nicht als Lebensinhalt.
Doch das konnte sie natürlich nicht bringen. Nicht in diesem Stadium ihrer Karriere. Ihre Eltern hatten ihrem Sport so viele Jahre geopfert und so viel Geld investiert, da war sie es ihnen einfach schuldig, das Ganze auch durchzuziehen und den Durchbruch im professionellen Tenniszirkus zu schaffen. Dann würde sie genug verdienen, um ihre Eltern für all die Opfer und Investitionen zu entschädigen.
Sarah versuchte es wirklich. Sie gab alles. Sie machte Krafttraining, um Muskulatur aufzubauen, sie wiederholte die neuen Bewegungsabläufe tausendfach, sie riss sich zusammen. Doch es gelang ihr einfach nicht, an frühere Erfolge anzuschließen. Noch viel weniger schaffte sie es, Freude am Spiel zu empfinden. Es war nur noch eine lästige Pflicht.

✣ ✣ ✣

Und dann wurde Sarah krank. Konnte nicht mehr schlafen, nichts mehr essen, übergab sich ständig, bekam Panikattacken. Natalie und Guido waren sehr besorgt und schleppten ihre Tochter von einem Facharzt zum nächsten. Kurz vor Weihnachten bekam Sarah auch noch eine Grippe, und ihre Körpertemperatur stieg auf fast vierzig Grad. Und in diesem Zustand platzte es dann plötzlich aus ihr heraus: »Ich will keine Tennisspielerin mehr sein.«

Natalie und Guido begriffen: Da sprach nicht nur das Fieber aus ihrer Tochter.
Kaum war die Grippe überstanden, sprachen sie mit Sarah. Versicherten ihr, dass sie ihnen keine Tenniskarriere schuldig war. Es hatte sie sehr erschreckt, dass Sarah sich zuletzt wohl nur noch ihnen zuliebe so gequält hatte und dass sie davon sogar krank geworden war.
Sarah weinte vor Dankbarkeit und Erleichterung. Mit fünfzehn wurde sie endlich zu einer »normalen« Jugendlichen. Mit einer netten Clique, einer besten Freundin, einem ersten Freund und neuen Hobbys. Sie schlief lang, interessierte sich für Mode und Musik, fing an zu backen, Netflix-Serien zu sehen, Fantasyromane zu lesen und abends auszugehen.
Irgendwann spielte sie auch wieder Tennis, aber nur zum Spaß. Noch heute ist sie ihren Eltern wahnsinnig dankbar für alles, was sie für sie getan haben: sowohl für die Unterstützung und die Förderung ihrer Sportkarriere als auch – und das vielleicht sogar noch etwas mehr – für die Selbstverständlichkeit, mit der sie das Ende dieser Karriere akzeptierten.

Das größte Glück auf Erden …

Ein Kind zu haben, erfüllt die meisten von uns mit Glück und Freude. Wir lieben dieses Kind um seiner selbst willen.

Etwas völlig anderes ist es dagegen, ein Kind für das eigene Lebensglück verantwortlich zu machen.

Diese beiden Dinge sollten unbedingt voneinander unterschieden werden. Auch wenn das nicht immer so leicht ist, wie Sarahs Beispiel zeigt. Ja, es ist völlig okay, das Talent eines Kindes zu fördern, solange es Spaß daran hat. Aber nicht, damit es Erfolge einfährt.

Es liebt Musik und übt stundenlang auf der Gitarre? Sehr schön. Auch ich habe als Kind Gitarre gespielt – mich aber geweigert, beim Vorspiel der Musikschule aufzutreten. Warum ich das nicht wollte, weiß ich heute selbst nicht mehr. Das spielt auch gar keine Rolle. Viel wichtiger ist es im Rückblick, dass meine Eltern meine Entscheidung respektierten. Klar, hätte es sie mit Stolz erfüllt, mich auf der Bühne zu sehen. Aber das wäre nur ein netter Nebeneffekt gewesen. Zum Glück war es ihnen wichtiger, dass ich weiterhin Spaß an meinem Hobby hatte, als dass ich ihnen zuliebe meine Bühnenangst überwand.

Hauptsache, es macht Spaß!

Wie war das bei dir? Durftest du dich ganz ohne Druck ausprobieren, oder waren deine Hobbys wegen des Leistungsdrucks ein weiterer Stressfaktor?

Dann hast du diese Haltung womöglich verinnerlicht und gehst noch heute so an jede Freizeitbeschäftigung heran. Vielleicht würdest du ja gerne singen, tust es aber nicht, weil deine Stimme nur so mittelgut ist. Oder du malst nicht, weil du dich für untalentiert hältst.

Ich verrate dir ein Geheimnis: Das ist völlig egal! Du willst ja kein Geld damit verdienen, sondern einfach nur Spaß haben.

Was spricht dagegen, dass du schiefe Töne singst, wenn es deine Laune hebt? Oder dass du Bilder auf Grundschulniveau fabrizierst, aber jede Menge Freude dabei empfindest?

Wie befreiend: Du musst bei deinem Hobby niemandem etwas beweisen. Genieße einfach das Tun!

Am besten überhaupt nichts erwarten!

Manchmal ist ein Baby noch nicht einmal geboren, da malen sich seine Eltern bereits aus, was aus ihm werden könnte. Vielleicht ein Tänzer? So wie der im Bauch strampelt. Ein Zahlengenie wie der Vater? Eine Wortakrobatin, also ganz die Mama?

Natürlich ist es spannend, ein Kind bei seiner Entwicklung zu begleiten. Aber wenn es weder Tänzer noch Zahlengenie oder Wortakrobatin wird, ist das auch okay!

Klingt so einfach. Aber ist es das auch wirklich? Viele Eltern halten sich für viel toleranter, als sie es in Wirklichkeit sind.

Toleranz für Fortgeschrittene

Stell dir vor, ...

... du führst eine gutgehende Bäckerei, aber dein Sohn will lieber Krankenpfleger werden, als dein Geschäft zu übernehmen. Bist du enttäuscht?

... du bist streng religiös, aber deine Tochter heiratet nicht kirchlich, sondern in Las Vegas – und zwar einen Atheisten. Kein Problem für dich?

... du bist intellektuell, hast eine Universitätsprofessur, aber dein Sohn will nicht einmal Abitur machen, sondern eine Schreinerlehre absolvieren. Akzeptierst du das ohne Weiteres?
... du bist seit Jahren im Umwelt- und Klimaschutz aktiv, aber deine Tochter trennt nicht einmal den Müll und fährt einen fetten SUV. Hast du das Gefühl, versagt zu haben?

Du findest, das sind extreme Beispiele? Nun, ich finde sie eher normal. Schau dich um in deinem Umfeld: Der Apfel fällt oft sehr, sehr weit vom Stamm. Und das ist auch gut so!

Nein, ein Kind ist niemals verantwortlich für das Glück, die Zufriedenheit, den Stolz, den Erfolg oder das soziale Ansehen seiner Eltern. Man könnte sogar noch weiter gehen und es so formulieren:

Kein Mensch ist jemals verantwortlich für das Glück, die Zufriedenheit, den Stolz, den Erfolg oder das soziale Ansehen eines anderen Menschen. Aber davon mehr im folgenden Kapitel.

Liebe muss bedingungslos sein. Freundschaft auch!

Bedingungslose Liebe – gibt es so etwas überhaupt? Einmal abgesehen von Eltern, die ihre Nachkommen selbst dann noch lieben, wenn sie den allergrößten Mist gebaut haben ...

Aber wie ist das bei Paarbeziehungen oder Freundschaften? Gibt es dafür nicht immer ein paar Bedingungen?

Okay, klammern wir einmal alles aus, was in einer Beziehung auf Augenhöhe sowieso nicht vorkommen sollte, etwa Lügen, Betrug und Gewalt. Und kalkulieren wir mit ein, dass es nur menschlich ist, wenn für Liebe und Freundschaft ein paar Grundvoraussetzungen stimmen müssen, die jeder Mensch ganz individuell für sich definiert. Sympathie und Gefühle kann man nun mal nicht erzwingen.

Schauen wir also nur auf bestehende, funktionierende Beziehungen. Wenn sie wirklich ausgewogen sind, sollten sie nicht an Bedingungen geknüpft sein. Wer sich hier manipulieren lässt, steht nämlich schon mit einem Fuß in der People-Pleasing-Falle.

Wie leicht man da hineintappt, zeigen die folgenden Beispiele. Vielleicht kommt dir das eine oder andere davon bekannt vor? Kannst du dich mit dem Verhalten der Personen aus den folgenden Beispielen identifizieren oder eher nicht? Vielleicht hast du ja Lust, dir Notizen zu machen.

Die »Immer für dich da«-Verpflichtung

»Eine gute Freundin kann man im Notfall jederzeit anrufen – auch mitten in der Nacht«, so hört man es immer wieder. Ja, auch ich weiß genau, wessen Nummer ich da wählen würde. Aber ich habe es noch nie getan. Denn echte Notfälle kommen nun mal – zum Glück! – selten vor. Emma sah das etwas anders. Wenn sie ihrer Freundin Leonie eine Nachricht schrieb, erwartete sie eine umgehende Antwort. Und wenn die nicht kam, rief sie an. Ganz gleich,

wie spät es gerade war oder ob Leonie etwas anderes vorhatte. Einmal kam Emma sogar nachts um zwei vorbei, um zu checken, warum Leonie nicht reagierte – und platzte mitten in eine Familienfeier.
Natürlich wollte Leonie eine gute Freundin sein, und es schmeichelte ihr ja auch, dass Emma sie als diejenige auserkoren hatte, der sie in Krisen am meisten vertraute. Deshalb traute sie sich nicht, ihrer Freundin zu sagen, dass sie ihr Verhalten rücksichtslos fand. Bis es einmal umgekehrt war: Leonie hatte sich ausgesperrt und wollte Emma darum bitten, mit dem Ersatzschlüssel zu kommen. Aber Emma reagierte weder auf ihre Textnachricht noch auf ihre verzweifelten Anrufversuche, sodass Leonie schließlich einen Schlüsseldienst rufen musste. Seitdem ist die Freundschaft zwischen den beiden merklich abgekühlt.

Bist du eher Typ Emma oder Typ Leonie? Oder gehörst du zu den Glücklichen, denen beides fremd ist? Vielleicht kommst du jetzt erst mal ins Grübeln? Auch spannend, oder?

Die »Wenn du mich wirklich magst, dann«-Bedingung

Eins vorneweg: Wenn man jemanden wirklich mag, sagt man keine Sätze, die mit »Wenn du mich wirklich magst ...« anfangen, denn sie sind immer manipulativ.

Übersetzt bedeutet das nämlich: »Ich zweifele an deiner Freundschaft. Du musst mir deine Zuneigung beweisen, und ich bestimme, wie.« Eine Frechheit? Finde ich auch. Carolin war eine Meisterin darin, ihre Kollegin Mareike auf diese Weise emotional zu erpressen. Mareike verzichtete sogar auf eine Beförderung, nur um weiterhin mit Carolin zusammenarbeiten zu können. »Wenn du mich wirklich magst, ist dir unsere Freundschaft mehr wert als die mickrige Lohnerhöhung«, hatte die gesagt. Nun ja, ganz so mickrig wäre die zwar nicht gewesen, aber Mareike konnte sich letztendlich nicht vorstellen, dass sie in der neuen Abteilung so viel Spaß bei der Arbeit haben würde wie in dem gemeinsamen Büro mit Carolin.
Ein Jahr später verließ Carolin das Unternehmen, weil ihr woanders eine bessere Position angeboten worden war. Erst da begriff Mareike, wie egoistisch ihre Exkollegin sich verhalten hatte.

Hast du auch schon mal einen »Wenn du mich wirklich magst, dann«-Satz gesagt? Oder fällst du hin und wieder auf solche Sätze rein?

Die »Freunde vertrauen einander«-List

Ilka ist – man kann es nicht anders sagen – furchtbar neugierig. Nichts macht sie glücklicher, als die Erste zu sein, die Bescheid weiß. Zum Beispiel von der Trennung der Nachbarn, der Insolvenz des Traditionsladens, der Schwangerschaft der Lehrerin, dem Techtelmechtel des Bürgermeisters mit seiner Sekretärin, der schweren Erkrankung des Apothekers ... Während sie von ihrem eigenen Privatleben wenig preisgibt, liebt sie es, über das ihrer Mitmenschen auf dem Laufenden zu sein. Und darüber zu tratschen – natürlich immer unter dem Siegel der Verschwiegenheit. Sicher kennst du auch so eine Ilka, oder?

Ihre Freundin Petra interessiert sich für derartige Geschichten eigentlich gar nicht, und doch war sie eine von Ilkas besten Informationsquellen – schließlich arbeitet Petra als Frisörin, also in der örtlichen Tratschzentrale. Da bekommt sie natürlich das eine oder andere mit.

Eigentlich wollte Petra das, was man ihr im Vertrauen erzählte, am liebsten gleich wieder vergessen, aber Ilka war nun mal unübertroffen darin, ihr interessante Infos zu entlocken. »Du weißt doch, ich bin deine Freundin, du kannst mir vertrauen«, sagte sie beispielsweise. Und: »Wir haben doch keine Geheimnisse voreinander?« Oder: »Wenn es schon beim Frisör die Runde macht, weiß es ja eh bald jeder, also kannst du es mir ebenso gut gleich erzählen.«

Es war Susi, eine gemeinsame Bekannte, die Petra die Augen öffnete. »Hast du schon gehört, dass Tom und ich uns scheiden lassen?«, fragte sie beiläufig.

»Ja, das hat sich herumgesprochen«, erwiderte Petra. »Tut mir sehr leid für euch. Ich war sicher, ihr wärt glücklich.«

»Sind wir auch. Das mit der Scheidung hab ich Ilka unter dem Siegel der Verschwiegenheit erzählt, um sie auf die

Probe zu stellen. Mir war schon lange klar, dass sie kein Geheimnis für sich behält, und jetzt habe ich dafür den Beweis.«
Seitdem überlegt sich Petra gut, ob und was sie Ilka erzählt. Und inzwischen kommt sie selten in die Verlegenheit, Ilkas ausgefuchsten Verhörmethoden standhalten zu müssen, denn die beiden Frauen haben kaum noch Kontakt. »Ich dachte immer, wir wären Freundinnen«, sagt Petra rückblickend, »aber wahrscheinlich war ich für sie nur eine Quelle, die man gut anzapfen konnte. Und seit die versiegt ist, bin ich uninteressant geworden.«

Hast du auch schon mal jemandem ein Geheimnis erzählt und es später bereut? Oder jemandem ein Geheimnis entlockt?

Der »Ich vertraue dir voll«-Hinterhalt

Ehrlichkeit als Vertrauensbeweis – diese People-Pleasing-Falle kann sogar doppelt zuschnappen. Nämlich nicht nur, wenn es darum geht, jemandem Geheimnisse zu entlocken, sondern auch, indem man die eigenen Geheimnisse jemand anderem aufbürdet.
So erging es Karsten mit seinem Freund Olaf. Die beiden kannten sich schon seit der Kindergartenzeit, und obwohl sie sich völlig unterschiedlich entwickelt hatten, blieben sie in Kontakt. Karsten wusste, dass Olaf Probleme mit

Drogen und Beschaffungskriminalität hatte, aber das war für ihn kein Grund, die Freundschaft aufzukündigen. Im Gegenteil – Olaf tat ihm leid und er fühlte sich verpflichtet, zu ihm zu halten.
Doch als Olaf ihm von einem Autounfall erzählte, den er nicht nur verursacht, sondern bei dem er auch Fahrerflucht begangen hatte, wäre es Karsten wirklich lieber gewesen, er hätte geschwiegen. Denn nun war er ein Mitwisser. Und immerhin war ein Mensch verletzt worden, wenn auch nur leicht. Normalerweise würde er seinem Gewissen folgen und die Polizei informieren, aber Olaf war doch sein Freund! Als Olaf ihn aber auch noch um ein falsches Alibi bat, war für Karsten eine Grenze überschritten. Er verlangte von Olaf, sich selbst zu stellen. Krass, oder? Als der sich weigerte, zeigte er ihn an – besorgte dem alten Freund aber einen fähigen Anwalt und einen Therapieplatz.

Wurdest du schon mal unfreiwillig zum Mitwisser? Oder hast du jemanden mit einem »Geständnis« in die Bredouille gebracht?

Der »Du bist meine Rettung«-Kniff

Max galt in der Schule als Außenseiter. Er war eher introvertiert, nicht besonders sportlich, trug eine dicke Brille, liebte Schach und Mathe – kurz, er war einfach anders.

Und hatte es entsprechend schwer, Freunde zu finden. Wenn ihn jemand bat, ihm bei den Hausaufgaben zu helfen oder ihn bei der Mathearbeit abschreiben zu lassen, war das für ihn die Chance auf Anerkennung. In solchen Momenten gehörte er dazu. Dass immer er derjenige war, der anderen half, und nie derjenige, den man unterstützte, fiel ihm nicht einmal auf. Er hatte dieses Verhaltensmuster so sehr verinnerlicht, dass er auch als Erwachsener lange Zeit keine echten Freunde fand. Die Menschen, für die Max alles tat, luden ihn nicht mal zum Geburtstag ein. Manchmal hörte er monatelang nichts von ihnen – bis sie mal wieder seine Hilfe brauchten. Er hielt das für normal. Bis er Philip kennenlernte. Mit ihm ist er auf einer Wellenlänge. Eine Freundschaft, für die er sich nicht anstrengen muss, fühlt sich für Max völlig ungewohnt an. Rückblickend wird ihm bewusst, dass Philip sein erster echter Freund ist.

Ging es dir schon mal wie Max? Oder warst du eher wie diejenigen, die nur bei ihm abschreiben wollten?

Die »Ich zahl es dir nächsten Monat zurück«-Versprechung

Ruth verdiente nicht nur sehr gut, sie hatte auch eine größere Erbschaft gemacht und keine finanziellen Sorgen – ganz anders als ihre Freundin Miriam, die sich und ihre drei

Kinder mit mehreren Aushilfsjobs über Wasser hielt. Wenn die beiden ausgingen, bezahlte Ruth. Anfangs hatte Miriam noch halbherzig widersprochen, inzwischen war es für sie selbstverständlich, dass Ruth sie einlud. Und sie scheute auch nicht mehr davor zurück, sich bei ihrer Freundin Geld zu borgen. Immer mit dem Versprechen, es »so bald wie möglich, spätestens nächsten Monat« zurückzuzahlen. Bisher hatte sie das erst ein einziges Mal getan – und da handelte es sich auch bloß um fünf Euro. Ruth genierte sich, sie an ihre Schulden zu erinnern. Während Ruth problemlos auf fünfzig Euro verzichten konnte, bedeutete so ein Betrag für Miriam und ihre Kinder eine Woche Essen.

Miriams Vorschlag, ihre Schulden abzuarbeiten, indem sie Ruths Haus putzte, lehnte diese jedoch ab. Das hätte der Freundschaft bestimmt nicht gutgetan.

Dennoch ärgerte sich Ruth. Und fühlte sich ausgenutzt. Sie gewöhnte es sich an, kein Bargeld mehr mitzunehmen, wenn sie sich mit Miriam traf. Aber das war ja auch keine Lösung.

Als Miriam sie wieder einmal um einen Kredit bat, fasste sich Ruth ein Herz und sagte: »Ich helfe dir gerne, aber wir müssen einen anderen Weg dafür finden.«

Und dann setzten sie sich zusammen und machten einen Plan. Ruth unterstütze ihre Freundin dabei, eine vom Arbeitsamt geförderte Weiterbildung zu bekommen, und anschließend bei den Bewerbungen für einen besser bezahlten Job.

»Inzwischen kommt Miriam gut über die Runden, und das freut mich nicht nur sehr für sie, sondern auch für unsere

Freundschaft. Dieses krasse finanzielle Ungleichgewicht tat uns nicht gut.«

Kannst du Ruths Situation nachvollziehen? Oder kommt dir Miriams Problem bekannt vor?

Der »Wie kannst du mir so in den Rücken fallen?«-Vorwurf

Für Eric bedeutet wahre Freundschaft, dass man loyal ist. Doch seine Definition von Loyalität ist sehr speziell. Denn er erwartet, dass seine Freunde immer zu ihm halten, ganz egal, was er gesagt oder getan hat. Kritik oder Widerspruch empfindet er als Verrat. An dieser Einstellung scheiterten schon mehrere seiner Freundschaften, zuletzt sogar die mit seinem Sandkastenkumpel Arno.
Der Anlass war nichtig. Sie saßen mit ein paar Bekannten in der Kneipe zusammen, tranken Bier und tauschten Erinnerungen an gemeinsame Motorradtouren aus. Eric behauptete, er habe bei einer Tour über die Alpen gemeinsam mit Arno den Timmelsjochpass überquert, doch Arno wusste noch genau, dass diese Strecke damals wegen Lawinengefahr gesperrt war und sie stattdessen über den Jaufenpass gefahren waren, der wesentlich sicherer, aber längst nicht so spektakulär ist. Er konnte das sogar noch anhand eines Handyfotos beweisen.

Eric wurde fuchsteufelswild – nicht weil er im Unrecht war, sondern weil Arno ihn angeblich bloßgestellt hatte. Er kündigte ihm die Freundschaft, was Arno sehr kränkte. Doch im Nachhinein sagt er: »Ein Freund, der keinen Widerspruch aushält, ist kein echter Freund.«

Wie hättest du an Arnos Stelle reagiert? Und hätte dir sein Verhalten auch so viel ausgemacht wie Eric?

Die »Du musst eben Prioritäten setzen«-Erwartung

Sabine und Tina waren seit der Oberstufe enge Freundinnen. Während des Studiums wohnten sie zusammen, sie verreisten zu zweit, sie feierten alle wichtigen Meilensteine des Lebens miteinander. Mit Ausnahme von Weihnachten – denn da fuhr Tina nach Hause zu ihrer Familie. Das war ihr enorm wichtig. Sabine, die sich mit ihren Eltern entzweit hatte, zeigte dafür nicht viel Verständnis. Sie setzte ihre Prioritäten anders und erwartete dasselbe von ihrer Freundin.

Die Situation eskalierte, als Sabine heiratete. Für den Hochzeitstermin hatte sie ausgerechnet den Tag ausgewählt, an dem Tinas Großmutter achtzig wurde. Angeblich war ihre Wunsch-Location an keinem anderen Datum frei. Tina wäre sehr gerne ihre Trauzeugin gewesen, aber den runden Geburtstag ihrer geliebten Oma hätte sie um keinen Preis verpassen wollen. Sabine hatte erwartet, dass Tina sich anders entscheiden würde, und war nicht nur enttäuscht, sondern stinksauer. Fast hätte Tina doch noch nachgegeben, um die Freundin nicht zu verlieren, doch dann erfuhr sie, dass die Location auch eine Woche später zu haben gewesen wäre. Sabine hatte den Termin bewusst gewählt, um sie zu testen. Das wiederum verzieh Tina ihr nicht, und die Freundschaft zerbrach.

Warst du auch schon mal enttäuscht, weil ein Freund oder eine Freundin andere Prioritäten gesetzt hat als du?

Freundschaften sollten Beziehungen ohne Machtgefälle, Zwänge und Manipulationen sein. Sobald Bedingungen, emotionale Erpressungen oder Konkurrenzdenken ins Spiel kommen, wird das Verhältnis unausgewogen – und ist dann eigentlich keine echte Freundschaft mehr.

Breaking News: Wer dich wirklich mag, tut das um deiner selbst willen, nicht wegen deines Geldes, deiner Hilfsbereitschaft, deiner Erreichbarkeit oder deiner bedingungslosen Zustimmung.

Ich weiß, es kann schmerzhaft sein, sich bewusst zu machen, dass man ausgenutzt wird. Und doch kann eine Enttäuschung durchaus heilsam sein – denn sie zeigt dir, dass du dich in jemandem getäuscht hast. Und du kannst dann selbst entscheiden, ob du dich weiterhin verbiegen willst, damit dieser Mensch dich akzeptiert. Oder ob du lieber dir selbst treu bleiben willst – und damit interessant wirst für Menschen, die wirklich zu dir passen. Was viel cooler ist.

Übrigens: Was für Freundschaften gilt, das gilt umso mehr für Liebesbeziehungen. Aber dazu später mehr in einem anderen Kapitel.

Unartige Kinder – starke Erwachsene

Welche Nachteile das Bravsein mit sich bringt, habe ich ja schon in einem früheren Kapitel beschrieben. Welche Vorteile das Unartigsein bietet, ist sogar noch beeindruckender: Denn »schwierige« Kinder werden später oft besonders selbstständig, empathisch, resilient, unabhängig, kreativ und innovativ. Menschen mit Führungsqualitäten, sozialem Bewusstsein und herausragenden Kommunikationsfähigkeiten waren in ihrer Kindheit meist alles andere als brav.

Falls du auch schon immer unartig warst, herzlichen Glückwunsch! Falls nicht, dann wird es höchste Zeit dafür, *brave* zu werden – im englischen Sinne des Wortes.

Als kleine Motivation stelle ich dir hier ein paar Menschen vor, die definitiv keine braven Kinder waren und gerade deswegen zu echten Vorbildern geworden sind. Ich bin gespannt, ob du errätst, um wen es sich jeweils handelt.

Nicht brav, sondern engagiert

Die Tochter einer Opernsängerin und eines Schauspielers war gerade mal acht Jahre alt, als sie zum ersten Mal vom Klimawandel erfuhr und begann, sich für das Thema zu interessieren. Sie las nicht nur viel darüber, sondern motivierte ihre Familie auch zum Energiesparen im Haus und dazu, sich vegan zu ernähren.

Mit fünfzehn gewann sie den Schreibwettbewerb einer Tageszeitung zum Thema Umweltpolitik. Um von der Politik die Einhaltung des Pariser Klimaschutzabkommens einzufordern, setzte sie sich ganz allein mit einem Schild, das die Aufschrift »Schulstreik fürs Klima« trug, vors Parlament. Aus ihrer Aktion entstand bald die globale Bewegung Fridays for Future, und sie selbst wurde zum Gesicht der Klimaschutzbewegung. Okay, das war zu leicht, oder? Logisch, es ist ...

Greta Thunberg

Nicht brav, sondern fantasievoll

In ihrer Kindheit galt für Mädchen noch keine Schulpflicht, weshalb sie zu Hause unterrichtet wurde. Obwohl ihre Mutter selbst Gedichte und Geschichten verfasste, vertrat sie die Meinung, Kinder sollten frühestens mit acht Jahren lesen lernen. Davon ließ sich die Gesuchte jedoch nicht abschrecken – und brachte sich diese Kunst kurzerhand selbst bei, indem sie sich von ihrem Kindermädchen Straßen- und Ladenschilder vorlesen ließ.

Überhaupt war sie sehr kreativ und eigenständig. Zwischen ihrer ersten und ihrer zweiten Ehe ging sie allein auf Reisen und fuhr unter anderem mit dem Orientexpress. Ihre Eindrücke flossen später in viele ihrer Kriminalromane ein. Und spätestens jetzt hast du sie erkannt, oder? Klar, es handelt sich um ...

Agatha Christie

Nicht brav, sondern selbstständig

Er hasste die Schule, galt als notorischer Sturkopf, talentfreier Versager und Lernverweigerer. Im Internat wurde er mit dem Birkenbesen verprügelt, bis er blutete. Der Sitzenbleiber scheiterte an einer Eliteschule nach der anderen, bei Prüfungen gab er leere Blätter ab, alles erschien ihm langweilig und sinnlos.

Niemand hätte damals darauf gewettet, dass er eines Tages den Nobelpreis für Literatur erhalten würde. Beim Militär war er aufgeblüht und hatte im Eiltempo ganz viel Wissen erworben. Aus ihm war ein hochgebildeter Mann geworden, ein Staatsmann sogar, der sich durch Führungsqualitäten, einen starken Willen und seine Unabhängigkeit auszeichnete. Er gab seinem Volk Hoffnung, machte das Victoryzeichen populär und wurde zum Hitlerbesieger. Genau, das kann nur einer sein ...

Winston Churchill

Nicht brav, sondern empathisch

Als kleines Kind lebte sie bei ihrer Oma, die sie für jeden noch so kleinen Fehler verprügelte. Mit sechs zog sie zu ihrer Mutter, die sie vernachlässigte. Manchmal musste sie sogar auf der Veranda schlafen. Ihr Cousin vergewaltigte sie, als sie neun war. Mit vierzehn wurde sie schwanger, doch ihr Sohn starb bereits nach einem Monat.

Nichts sprach dafür, dass aus ihr die erste schwarze Milliardärin und eine der einflussreichsten Frauen der Welt würde.

Basis für ihren Erfolg war ihre unglaubliche Empathie. Die ihr bei ihrem Job als Nachrichtensprecherin beinahe zum Verhängnis geworden wäre, weil ihr die Meldungen zu nahe gingen. Doch beim Frühstücksfernsehen wurde ihre Emotionalität zu einem Vorteil, und so wurde sie zur Queen of Talk. Du kennst sie ...

Oprah Winfrey

Nicht brav, sondern visionär

Nachdem sein Vater die Familie verlassen hatte und sich seine unstete Mutter nicht richtig um ihn kümmerte, wuchs er bei seiner strengen Tante auf.

Der rebellische Teenager tat sich auf der High School durch Parodien und Karikaturen seiner Lehrer hervor, in seinen Klassenbucheinträgen wurde er für Faulheit, sehr schlechtes Benehmen, Sabotage, Kaugummikauen und Prügeleien gerügt. Seine schulischen Leistungen waren unterdurchschnittlich, denn Noten interessierten ihn nicht besonders. Stattdessen begeisterte er sich für Musik: Elvis Presley war sein Idol. Er lernte Mundharmonika und Banjo spielen, später auch Saxophon, Gitarre, Klavier und weitere Instrumente. Seine bekanntesten Hits komponierte er auf seiner Rickenbacker-E-Gitarre oder einem Steinway-Piano. Garantiert hätten weder seine Tante noch seine Lehrer vermutet, dass aus ihm einmal so ein einflussreicher, talentierter, visionärer und inspirierender Musiker, Singer-Songwriter und Friedensaktivist würde. Du hast ihn natürlich längst erkannt – es ist ...

John Lennon

Nicht brav, sondern intellektuell

Sie war eine Tochter aus gutem Hause (vielleicht erkennst du sie an dieser Formulierung sogar schon jetzt), von der man erwartete, nicht zu viel zu denken und lieber zu lernen, sich so zu verhalten, wie es einem Mann gefällt. Doch sie lehnte dieses traditionelle Rollenbild ab und interessierte sich viel mehr für Literatur, Philosophie, Politik, Feminismus! Um das Leben zu führen, das sie wollte, musste sie nicht nur gegen ihre Eltern, sondern gegen die ganze Gesellschaft rebellieren. So wurde sie zu einer führenden Figur des Existenzialismus und zur Kämpferin gegen die Unterdrückung der Frau. Als herausragende Schriftstellerin verfasste sie Romane wie *Sie kam und blieb*, gesellschaftskritische Sachbücher wie *Das andere Geschlecht* oder autobiografische Werke wie *Memoiren einer Tochter aus gutem Hause*. Es handelt sich um …

Simone de Beauvoir

Nicht brav, sondern kreativ

Sie sagt von sich selbst, sie habe eine rebellische Natur und sei meist aus Prinzip dagegen, um sich nicht zu langweilen. Ihr Anderssein machte sie in der Schule zur Außenseiterin, die sich oft einsam und unverstanden fühlte. Ihr Musikstudium brach sie im vierten Semester ab, um sich auf ihre Karriere zu konzentrieren. Als sie von zu Hause auszog, strichen ihre Eltern die finanzielle Unterstützung, woraufhin sie ihren Lebensunterhalt unter anderem als Go-go-Tänzerin verdiente.

In ihren Songs thematisiert sie häufig die Erfahrungen aus ihrer Kindheit und Jugend, als sie sich traurig, gedemütigt und isoliert fühlte. Der Durchbruch gelang ihr 2008 mit ihrem Debütalbum.

Heute ist sie eine erfolgreiche und mehrfach ausgezeichnete Sängerin, Songwriterin und Schauspielerin, und 2019 bekam sie sogar einen Oscar in der Kategorie Bester Song. Du weißt, wen ich meine?

Stefani Germanotta (Lady Gaga)

Nicht brav, sondern innovativ

Er tyrannisierte seine Eltern, galt bei Mitschülern als Besserwisser, war ein echter Lehrerschreck und hielt Hausaufgaben für Zeitverschwendung – kurz, er war der Inbegriff eines widerspenstigen Kindes.

Offenbar war er völlig unterfordert, weshalb er schließlich eine Klasse überspringen durfte, doch das machte ihn noch einsamer.

Auch am College besuchte er nur einzelne Vorträge, er gab das Studium bereits nach einem Semester auf, nahm Drogen, reiste nach Indien, hoffte auf spirituelle Erleuchtung.

Zurück in den USA entwickelte er mit einem befreundeten Tüftler ein Computerspiel und gründete in der Garage seiner Eltern ein Computerunternehmen, das mit seinen bahnbrechenden Technologien bald zum Marktführer wurde. Mit dreiundzwanzig besaß er bereits über eine Million Dollar, mit vierundzwanzig waren es schon über zehn Millionen und mit fünfundzwanzig mehr als hundert Millionen. Der Titan des

Silicon Valley revolutionierte die Branche und wurde zum Inbegriff des American Dream. Sicher weißt du längst, wer gemeint ist ...

Steve Jobs

Nicht brav, sondern unabhängig

Mit zwölf kam sie in ein von Nonnen streng geführtes Waisenhaus, in dem die Kinder hart arbeiten mussten, die Schlafsäle ungeheizt waren und Disziplin das A und O war. Doch sie sagte von sich selbst, sie sei schon als Kind eine Rebellin gewesen, die sich niemals unterordnen wollte. Immerhin lernte sie dort nähen. Allerdings wurde sie nicht einfach nur irgendeine Schneiderin, sondern nahm – angetrieben von ihrem starken Bedürfnis nach Unabhängigkeit – ihr Schicksal selbst in die Hand, befreite eine ganze Generation vom Korsett, erfand das Tweedkostüm sowie das berühmte »kleine Schwarze« und wurde eine der bekanntesten und erfolgreichsten Modeschöpferinnen überhaupt: Ganz klar, bei dieser Stilikone handelt es sich um ...

Coco Chanel

Nicht brav, sondern neugierig

Es verging kein Tag, an dem er niemandem einen Streich spielte. Seine Mutter führte sogar Buch darüber und betete, dass ihr Sohn etwas braver würde. Er verbrachte zur Strafe viele Stunden im Tischlerschuppen, wo er so lange Holzmännchen schnitzte, bis sein Vater sich wieder abgeregt hatte. Trotz seiner rebellischen Kindheit wurde er sogar Bürgermeister. Auch wenn er nicht wirklich existiert, kennst du ihn ganz sicher! Es ist kein anderer als …

Michel aus Lönneberga

Verhaltensweisen, die als unartig oder rebellisch bezeichnet werden, sind oftmals einfach nur eine Abweichung von der Norm – und diese Besonderheit kann sich zu einer Stärke entwickeln. Kein Zufall also, dass »schwierige« Kinder nicht selten zu Menschen werden, die nicht nur sehr erfolgreich sind mit dem, was sie tun, sondern der Welt auch wichtige Impulse geben.

Falls man dir also früher gesagt hat, du sollst dich nicht so wichtig nehmen, auch nicht hervortun und schon gar nicht eigensinnig sein, sondern dich lieber anpassen: Vergiss das bitte sofort wieder!

TEST: Wie viel Bravheit steckt in dir?

Wie gesagt – ein wenig neigen wir wohl alle zum People Pleasing, nur unterschiedlich stark ausgeprägt. Hast du lediglich leichte Tendenzen dazu, bist du bereits voll in die Pleasing-Falle getappt oder gehörst du vielleicht zu denjenigen, denen die Meinung anderer gar nicht so wichtig ist? Vielleicht gibt dir dieser Test Aufschluss ...

Eine gute Freundin hat dich zu einer Party eingeladen, aber du hast überhaupt keine Lust dazu. Zwickmühle?
A: Ich reiße mich zusammen und gehe hin. Schließlich will ich sie um keinen Preis enttäuschen.
B: Ich rauche eine Zigarre, um sie dann hustend und mit kratziger Stimme anzurufen und zu behaupten, ich sei krank.
C: Ich sag's einfach, wie es ist. Wenn sie wirklich meine Freundin ist, wird sie das akzeptieren.

Ein Freund bittet dich darum, seinen Pitbull zu hüten, während er verreist ist. Auch das noch!
A: Ich fürchte mich zwar vor dem Hund, aber da muss ich wohl durch, alles andere wäre egoistisch von mir.
B: Ich engagiere auf eigene Kosten einen Hundesitter, der das für mich übernimmt, verrate meinem Freund aber nichts davon.
C: Ich gestehe, dass ich mir das wirklich nicht zutraue und dass sein Hund bei mir wohl nicht in guten Händen wäre.

Im Restaurant wird dir das falsche Essen serviert – du hattest Fisch bestellt, und jetzt sollst du ausgerechnet Leber essen ...

A: Igitt, Innereien! Aber ich will keinen Aufstand machen, und die Bedienung tut mir leid. Ich seh's als Dschungelprüfung.

B: Ich esse die Beilagen und behaupte dann, ich wäre satt. Später zu Hause mach ich mir dann noch ein Käsebrot.

C: Ich mache die Bedienung auf den Irrtum aufmerksam. Sie bringt mir den Fisch und behandelt mich nun besonders zuvorkommend.

Dein Kollege bittet dich, eine Wochenendschicht für ihn zu übernehmen. Eigentlich hattest du schon was anderes vor.

A: Natürlich kann ich meine Pläne ändern – ich bin nicht der Typ, der einen Kollegen im Stich lässt.

B: Ich gehe zum Schein darauf ein, sage dann aber in letzter Sekunde ab. Irgendein Vorwand wird mir da schon einfallen.

C: Ich erzähle ihm von meinen Plänen. Sicher wird er einsehen, dass ich die unmöglich über den Haufen werfen kann.

Auswertung

Überwiegend A: Du bist wohl ein Mensch, der die Bedürfnisse anderer über die eigenen stellt. Wie nennt man das noch gleich? Ah, genau: People Pleasing.

Meistens B: Okay, du respektierst deine Bedürfnisse schon eher. Wobei – so richtig auch nicht. Deine People-Pleasing-Tendenzen sind nicht zu übersehen. Mehr *brave*, weniger brav sein!

Mehrheitlich C: Wow, du zeigst Mut und Selbstbewusstsein. Könnte es sein, dass du genau der Typ bist, dem People Pleaser gefallen wollen? Du wirst das doch wohl nicht ausnutzen!

ALLES EINE FRAGE DER KOMMUNIKATION

People Pleaser wollen es anderen recht machen, und das fast um jeden Preis. Lob und Anerkennung sind für sie das Höchste der Gefühle. Und selbst wenn positives Feedback ausbleibt, bremst sie das nicht aus, im Gegenteil: Dann strengen sie sich nur noch mehr an … Deshalb lassen sich People Pleaser auch so leicht manipulieren. Ein wichtiger Schritt aus der People-Pleasing-Falle besteht deshalb darin, diese Beeinflussungsmanöver zu durchschauen.

Für dich kein Problem? Klar, du bist selbstbewusst. So was kann dir eigentlich sowieso nicht passieren. Aha. Aber uneigentlich schon, oder?

Da ist er schon, der erste kommunikative Fallstrick – bestehend aus dem so harmlos daherkommenden Wörtchen »eigentlich«. Kennst du auch die anderen einschlägigen Tricks, mit denen man dich lenken kann? Die Palette reicht von indirekten Sprechakten über emotionale Erpressung und Schuldzuweisungen bis hin zu Whataboutism.

Sagt dir nichts? Na, dann darfst du auf die folgenden Kapitel besonders gespannt sein. Vielleicht kommt dir die eine oder andere Taktik ja doch bekannt vor?

Sag nicht »Eigentlich«, wenn du »Nein« meinst

In den nächsten Kapiteln geht es, wie angekündigt, um Kommunikation. Also um Sprache. Und das beinhaltet auch – hier bitte an Gruselfilmmusik denken – die liebe Grammatik.

Sprechen wir doch gleich mal über Modalpartikeln! Nie gehört? Klingt wie eine fiese Hautkrankheit? Und der Begriff »Abtönungspartikeln«, unter denen man das Phänomen ebenfalls kennt, ist auch nicht viel besser?

Ich kann dich beruhigen: Die Dinger sind weder gefährlich noch ansteckend. Und du kennst sie allzu gut. Ich wette sogar, du verwendest diese Modalpartikeln ständig.

Hier ein paar Beispiele: eben, halt, ja, mal, wohl, aber, eigentlich, einfach, überhaupt ...

Siehst du? Sie gehören zum alltäglichen Sprachgebrauch.

Bloß Füllwörter? Von wegen!

Vielleicht wendest du jetzt ein, das seien doch bloß Füllwörter, und die solle man am besten ganz weglassen – jedenfalls hat man uns das im Deutschunterricht immer gepredigt.

Mag sein. Und vermutlich würden all die Übersetzerinnen und Übersetzer, die deutsche Texte in andere Sprachen übertragen, vor Freude jubeln, wenn Modalpartikeln ab sofort tabu wären. Sind sie aber nicht. Sondern ein typisches Merkmal des Deutschen (und des Niederländischen, Japanischen, Griechischen und Indonesischen), das in anderen Sprachen jedoch komplett fehlt.

Ja, wenn Deutsch als Fremdsprache unterrichtet wird, gelten Modalpartikeln als noch schwerer zu vermitteln als unsere drei Artikel der, die und das.

Sie lassen sich kaum übersetzen, aber weglassen ist auch keine Option, denn damit würden wir uns einer wunderbar einfachen Möglichkeit berauben, unseren Aussagen eine kleine Nebenbedeutung zu geben, die über die reinen Fakten hinausgeht. Die Modalpartikeln drücken nämlich aus, welche Haltung wir selbst zu dem Gesagten einnehmen, was wir von unserem Gegenüber erwarten und welches Wissen wir bei ihm oder ihr voraussetzen.

Ja, doch und eben

Klingt dir viel zu theoretisch? Kann gut sein. Deshalb kommen jetzt ein paar Beispiele.

➔ Die Sonne geht im Osten auf.

Dieser Satz liefert dir einfach nur eine Information. Sachlich, klar, ohne Bewertung.

Mit Modalpartikeln sieht das schon ganz anders aus. Zwei kleine Buchstaben können da schon allerhand ausmachen:

➔ Die Sonne geht ja im Osten auf.

Indem ich »ja« ergänze, liefere ich eine Nebenbedeutung, die da lautet: »Das ist dir sicher bekannt. Ich gehe jedenfalls davon aus, dass du darüber informiert bist, wo die Sonne aufgeht. Schließlich weiß das jedes Kind.«

Wieder leicht andere Akzente setzt diese Version:

➔ Die Sonne geht doch im Osten auf.

Hier schwingt eine kleine Enttäuschung mit: »Wirklich, du weißt nicht, wo die Sonne aufgeht? Darüber wundere ich mich allerdings sehr.«

Sobald wir die Modalpartikeln tauschen, bekommen wir jeweils eine komplett andere Nebenbedeutung:

➔ Die Sonne geht eben im Osten auf.

Will sagen: »Noch bin ich nicht genervt, aber bald. Du brauchst nicht ständig nachzufragen, warum du den Sonnenaufgang vom Wohnzimmer aus siehst, aber den Sonnenuntergang nicht. Ich hab es dir nun oft genug erklärt. Nimm es hin und diskutiere nicht rum!«

Ganz ehrlich: Ich bin echt froh, keine Übersetzerin zu sein!

Etwa, mal und vielleicht

Weil es so spannend ist, hier noch ein paar weitere Beispiele dafür, wie Modalpartikeln eine Aussage verändern können:

➔ Warst du etwa im Garten?

Da schwingt so einiges an Empörung mit: »Das darf ja wohl nicht wahr sein – wir hatten doch besprochen, dass du das bleiben lässt. Vor allem bei dem Matschwetter, und das auch noch mit den neuen Schuhen. Dabei habe ich gerade geputzt!« Ja, so viel Stirnrunzeln nur wegen des kleinen Wörtchens »etwa«. Ist das nicht erstaunlich?

➔ Kannst du mir das mal erklären?

Durch die Ergänzung von »mal« bekommt diese als Frage getarnte Bitte einen vorwurfsvollen Unterton. Da klingt eine gewisse Ungeduld an: »Es wird höchste Zeit dafür, ich warte schon lange darauf!« Und auch Zweifel lassen sich herauslesen: »Bestimmt kannst du mir gar keine plausible Erklärung liefern.«

➔ Das war vielleicht anstrengend!

Ist diese Person etwa unsicher, ob sie sich angestrengt hat oder nicht? Im Gegenteil: Das »vielleicht« deutet hier keine

Zweifel an, sondern vielmehr starke Verwunderung. Diese Anstrengung kam offenbar unerwartet. Man könnte auch sagen: Das war aber anstrengend. Gefühlt ist die Bedeutung jedoch ganz ähnlich wie bei »vielleicht«.

Manche Modalpartikeln können, je nach Zusammenhang, aber auch ganz unterschiedliche Nuancen liefern. So bringt das eingeschobene »Ja« manchmal auch Erstaunen (Das ist ja ein Ding!) oder gar eine Drohung (Komm ja nach Hause!) zum Ausdruck.

Du verwendest all diese Partikeln, ohne dass du dir bewusst machst, welche Wirkung du damit erzielst. Und das ist auch völlig in Ordnung so. Gäbe es da nicht dieses eine Wort, das für alle People Pleaser so gefährlich werden kann und um das sich dieses Kapitel eigentlich dreht.

Was bedeutet eigentlich »eigentlich«?

Zunächst einmal kommt das Wort von »eigen«, es weist also auf ursprüngliche, echte, unverfälschte Eigenschaften hin.

- Ihre eigentliche Stärke ist das logische Denken.
- Seine eigentliche Aufgabe besteht darin, Brot zu backen.

Wenn wir »eigentlich« so verwenden, ist es völlig harmlos. Aber es begegnet uns meistens in anderen Zusammenhängen – nämlich als Modalpartikel. Und inzwischen weißt du ja, wie knifflig die sind. Sie kommen unscheinbar daher, lassen sich nicht einmal vernünftig übersetzen, erwecken den Eindruck, als ließen sie sich problemlos weglassen, machen aber in der zwischenmenschlichen Kommunikation einen Riesenunterschied. Kurz: Sie sind wie geschaffen dafür, andere zu manipulieren. Nach außen hin bleiben wir auf der Sachebene, in Wahrheit werden wir mit ihrer Hilfe aber emotional.

Und das Schlimme ist: Mit dem Wort »eigentlich« sind es nicht mal die anderen, die uns ins Wanken bringen, sondern wir tun das sogar selbst!

Kein »Eigentlich« ohne »Aber«

Jemand bittet dich um einen Gefallen, sagen wir: Überstunden zu machen, doch du hast bereits etwas anderes vor. Etwas Wichtiges. Jedenfalls ist es dir persönlich wichtig. Du müsstest dich total verbiegen, um beides hinzukriegen – die Überstunden und dein privates Vorhaben.

Es wäre also nur logisch, wenn du sagst: »Sorry, nein, das schaffe ich leider nicht.«

Doch stattdessen sagst du: »Eigentlich wollte ich heute Abend mit Freundinnen ins Kino gehen.«

Du merkst, was das für einen Unterschied macht, oder?

Die Eigentlich-Formulierung wirkt nicht nur halbherzig und unentschlossen, sondern beinhaltet auch bereits deine Kapitulation. Denn das unausgesprochene »Aber« schwingt schon gleich mit. Damit signalisierst du deinem Gegenüber, dass dein Widerstand nicht nur bröckelt, sondern längst in sich zusammengefallen ist: Du wirst das Unmögliche möglich machen, und sei es noch so anstrengend, unangenehm und stressig für dich. Deine Freundinnen werden enttäuscht sein und du sauer, denn der Kinoabend wird ohne dich stattfinden. Statt einen schönen Film und das nette Zusammensein zu genießen, wirst du arbeiten.

Und wer hat's dir eingebrockt? Richtig: du selbst.

Warum du ohne »eigentlich« weiterkommst

Ich verstehe dich schon – du willst nicht so barsch wirken und schon gar nicht unkollegial. Wenn dich jemand um Unterstützung bittet, willst du ja ein Teamplayer sein. Und Vorgesetzten gegenüber ist ein knappes »Sorry, nein« auch nicht gerade die feine englische Art. Aber musst du es ihnen denn so leicht machen? Warum ist es dir wichtiger, dass die anderen happy sind, als dass es dir selbst mit dieser Entscheidung gut geht?

Wie gesagt: Sobald deine Antwort mit »Eigentlich wollte ich« anfängt, hast du schon verloren. Lass das doch mal weg. Sage stattdessen: »Heute Abend will ich mit Freundinnen ins Kino gehen«. Ohne Entschuldigung, denn ein solches Feierabendvergnügen steht dir zweifellos zu.

Okay, nun ist dein Gegenüber dran. Warte einfach die Reaktion ab. Jetzt bloß nicht einknicken! Wird er oder sie tatsächlich von dir verlangen, auf diesen Kinoabend zu verzichten, wenn du es nicht von dir aus vorschlägst? Oder mal umgekehrt gefragt: Würdest du das von jemandem verlangen?

Siehst du.

Ja, lass dieses blöde »Eigentlich« einfach weg, und schon ist deine Position eine ganz andere.

Du kennst dich doch jetzt aus …

Was Modalpartikeln betrifft, hast du ja inzwischen den Durchblick. Testen wir doch mal, wie deine Absage mit anderen Modalpartikeln wirkt. Hast du Lust? Okay.

Du wirst nach deiner spontanen Bereitschaft gefragt, Überstunden zu machen, und sagst:

→ Aber ich will ja ins Kino gehen.

Glückwunsch, da hast du mit »Aber« und »Ja« gleich zwei unauffällige Schwergewichte ins Spiel gebracht. Während »Aber« ausdrückt, dass da ein Interessenkonflikt besteht, lässt du mit »Ja« durchblicken, dass diese Tatsache im Grunde bekannt ist. Man hätte dich also gar nicht erst fragen sollen!

Noch deutlicher wird dieser Punkt, wenn du sagst:

→ Ich will doch ins Kino gehen.

Damit deutest du nicht nur an, sondern verweist ganz klar darauf, dass dein Gegenüber das sehr wohl hätte wissen müssen. Im Grunde eine Unverschämtheit, dich dennoch zu bitten! Man gönnt dir wohl diesen Kinoabend nicht, oder wie? Und schon hast du mithilfe einer Modalpartikel die emotionalen Machtverhältnisse umgedreht. Statt einzuknicken, schiebst du deinem Gegenüber den Schwarzen Peter zu. Du musst gar nicht begründen, warum du absagst.

Und jetzt üben wir das gleich mal! Was antwortest du?

Jemand will dich zum Kuchenbacken verdonnern.

A: Eigentlich will ich nicht schon wieder ...

B: Waren etwa alle anderen auch schon mal dran?

Jemand will von dir ein Alibi für eine Affäre.

A: Eigentlich unterstütze ich so was ja nicht ...

B: Du weißt doch, dass ich so was nicht unterstütze.

Jemand lädt dich zu einer Verkaufsveranstaltung ein.

A: Eigentlich will ich ja nichts kaufen ...

B: Da bin ich einfach nicht die richtige Zielgruppe.

Jemand sammelt Geld für den Geburtstag deiner Bürofeindin.

A: Eigentlich hat sie mich ja seit Jahren gemobbt ...

B: Du weißt schon, was sie mir angetan hat?

Jemand will mit dir über deine Lieblingskollegin lästern.

A: Eigentlich mag ich sie ja richtig gern ...

B: Du hast ja vielleicht Nerven, sie ist meine Freundin!

Hey, das klappt ja schon richtig gut mit den B-Antworten! Du siehst, auch ohne ein krasses »Nein« ist es möglich, eindeutig abzusagen.

Absagen sind eine echte Herausforderung für People Pleaser. Und selbst wenn du dich da gar nicht dazuzählst: Du bist nun mal ein netter, hilfsbereiter Mensch.

Aha! Das bedeutet aber, du hast es verdient, dass man auch dir gegenüber nett und rücksichtsvoll ist, oder?

Und ganz ehrlich: Willst du Menschen, die sich kein bisschen darum scheren, wie es dir geht, wirklich gefallen?

A: Eigentlich nicht ...

B: Auf keinen Fall!

»Es zieht« und andere indirekte Sprechakte

»Nicht reden, handeln«, so lautet einer dieser typischen Motivationssprüche, die so logisch klingen, es aber nicht unbedingt sind. Mal ehrlich: Sind Taten wirklich wichtiger als Worte? Und überhaupt – gibt es da überhaupt ein Entweder-oder? Das wäre ja, als würde man sagen, Leben sei wichtiger als Atmen.

Vielmehr ist es so, dass Worte nichts anderes als Taten sind, und Sprechen ist eine Handlung – und zwar eine mit Konsequenzen.

Denke nur, welche Auswirkungen ein »Lebenslänglich« vor Gericht hat oder ein »Ja« im Standesamt. Nicht dass ich Gefängnisstrafe und Ehe vergleichen wollte, aber es sind eben zwei typische Beispiele dafür, dass Worte alles andere als bedeutungslos sind. Kriegserklärung oder Liebeserklärung, Urteil oder Freispruch, Erlaubnis oder Verbot, Schwur oder Geständnis, Drohung oder Segen, Beförderung oder Degradierung, Vorwurf oder Entschuldigung, Versprechen oder Garantie, jemanden auf einen Namen taufen oder für tot erklären ...

Ja, okay, ich hör schon auf, bevor es noch makaberer wird. Aber du siehst, worauf ich hinauswill? Reden ist Handeln – und genau darauf basiert die sogenannte Sprechakttheorie.

Achtung, jetzt wird's ein bisschen wissenschaftlich

Keine Sorge, ich werde dich nicht mit weiteren Fachbegriffen oder den Namen berühmter Linguisten langweilen, die zu diesem Thema geforscht haben. Das hier ist schließlich kein sprachwissenschaftliches Lehrbuch, sondern ein unterhaltendes Sachbuch rund um das Thema People Pleasing – und den Bogen dazu werde ich gleich spannen. Du wirst dich wundern, was Sprechakte alles mit People Pleasing zu tun haben – und dass du dir das Wissen darüber zunutze machen kannst, um eben nicht in die Pleasing-Falle zu tappen!

Zurück zum Thema. Die Sprechakttheorie. Sie basiert darauf, dass verbale Äußerungen zugleich Handlungen – also Akte – sind.

Hier die wichtigsten Formen dieser Sprechakte:

- Feststellungen, zum Beispiel: Da liegt ein Ball.
- Fragen, wie etwa: Siehst du diesen Ball?
- Befehle, beispielsweise: Hol den Ball!
- Definitionen wie: Ein Ball ist ein kugelförmiges Spielzeug.
- Vermutungen, etwa: Das könnte eventuell ein Ball sein.
- Ausrufe, so wie: Oh, ein Ball!

So weit, so simpel und einleuchtend. Doch seit wann machen wir Menschen es uns einfach? Das, was wir eigentlich meinen, ist häufig etwas ganz anderes als das, was wir sagen. Das nennt man dann indirekte Sprechakte. Und jetzt wird's langsam echt spannend.

»Wurdest du in einem Zug geboren?«

Wahrscheinlich würdest du nicht schlecht staunen, wenn man dir diese Frage stellen würde. Was für eine abstruse Idee aber auch! Wer kommt nur auf so was? Die Wahrscheinlichkeit, dass du tatsächlich in der Bahn das Licht der Welt erblickt hast, ist schließlich extrem gering.

Nun, in Dänemark wüssten alle sofort, was gemeint ist. So wie in Großbritannien, wenn man gefragt wird, ob man in einer Scheune geboren wurde. In Italien fragt man: »Wohnst du im Colosseum?« und in Frankreich heißt es: »Wir sind hier nicht in einer Kirche!«

Du verstehst noch immer nur Bahnhof? Okay, dann verrate ich dir die deutsche Entsprechung dieser Redewendung: »Habt ihr zu Hause Säcke an den Türen?« Aaaah, jetzt fällt der Groschen! Es handelt sich also um einen dezenten Hinweis darauf, dass du vergessen hast, die Tür zu schließen.

Das, was gesagt wird, hat in diesem Fall so gut wie gar nichts mit dem zu tun, was gemeint ist. Es geht hier weder um dein Zuhause noch um irgendwelche Säcke, und eine Frage ist das Ganze auch nur rein formal – tatsächlich handelt es sich um einen Vorwurf beziehungsweise um eine Aufforderung. Deshalb spricht man in solchen Fällen von indirekten Sprechakten.

Direkte Befehle? Wir sind doch nicht beim Militär!

Typisch für indirekte Sprechakte sind nicht nur Redewendungen, sondern auch die meisten Aufforderungen – jedenfalls im zivilen Umfeld. Unsere Grammatik stellt zwar für genau solche Fälle die sogenannte Befehlsform zur Verfügung, doch wird die tatsächlich benutzt, wirkt das ziemlich barsch.

- »Schließ die Tür!« – puh, das klingt nach dem Auftakt zu einer saftigen Gardinenpredigt.
- Noch krasser wäre nur die Formulierung »Ich befehle dir, die Tür zu schließen« – das ließe nun wirklich keinen Zweifel an den Machtverhältnissen mehr offen.
- »Kannst du die Tür schließen?« – das wirkt nun viel höflicher, und zwar deshalb, weil die Aufforderung als etwas anderes ausgegeben wird, nämlich als Frage. Obwohl sich dein Gegenüber hier nur scheinbar nach deiner Türschließfähigkeit erkundigt und du das auch genau weißt.

Tatsächlich handelt es sich bei all diesen Beispielen um nichts anderes als um Kommandos – wenn auch die letzte Variante ein getarntes ist!

Je indirekter, desto wirkungsvoller

Die Möglichkeiten, eine Aufforderung als etwas anderes zu verschleiern, sind vielfältig:

- »Wärst du so freundlich, die Tür zu schließen?«
- »Ich wäre total froh, wenn du die Tür schließen würdest.«
- »Irgendwie zieht es hier. Steht etwa die Tür offen?«
- Oder einfach nur: »Es zieht.«

Und schon springst du auf, um nach offenstehenden Fenstern oder Türen zu suchen, die Quelle des unangenehmen Luftzugs zu identifizieren und das Problem zu lösen.

Nehmen wir noch ein anderes Beispiel.

- »Gib mir einen Apfel!« würde ein direkter Befehl lauten. Ganz schön forsch, oder? So lässt du nicht mit dir umspringen! Vielleicht überhörst du es einfach oder erwiderst: »Hol ihn dir doch selber.«
- Mit der Formulierung »Würdest du mir bitte einen Apfel geben?« stehen die Chancen, dass du wunschgemäß reagierst, schon deutlich höher. Immerhin wurde höflich gefragt, sogar mit dem Zauberwort!
- Und auf »Kommst du an die Äpfel ran? Ich hab solche Lust darauf!« reagierst du vermutlich prompt – selbst wenn du dafür aufstehen musst ...

Je weniger so eine Formulierung nach einem Kommando klingt, desto eher bist du vermutlich bereit, genau so darauf zu reagieren, wie dein Gegenüber es möchte. Und am Ende bist du vielleicht sogar davon überzeugt, das Ganze sei deine Idee gewesen. Auf jeden Fall hast du jemandem einen Gefallen getan, und das ist doch ein gutes Gefühl, oder?

Aber Vorsicht: Wenn du zum People Pleasing neigst, können dir indirekte Sprechakte zum Verhängnis werden. Weil sie dich dazu bringen, dich herumkommandieren zu lassen, ohne dass du es bemerkst.

Warum funktioniert das Ganze so gut?

Kommunikation funktioniert nur dann, wenn alle Sprachnutzer ungefähr denselben Regeln und Konventionen folgen. Dazu gehören auch die eingangs erwähnten Redewendungen. Mit der Frage nach den Säcken an den Türen wirst du in anderen Sprachen nicht weit kommen, wenn du sie wörtlich übersetzt, statt die jeweilige Entsprechung zu verwenden.

Dass man Aufforderungen oder Bitten als etwas anderes tarnt, gehört auch zu diesen Konventionen. Niemand würde deine Frage »Hast du ne Uhr?« wörtlich nehmen – also als eine Ja-nein-Frage –, sondern als Bitte, dir die aktuelle Zeit zu nennen.

Und wenn ein Witzbold das bewusst missversteht und stattdessen grinsend mit »Ja, hab ich« antwortet, findet vermutlich nur er das lustig. Die Kommunikation aber wäre fehlgeschlagen und deine Frage würde ins Leere laufen.

Weil wir kooperativ sein wollen, verstehen wir automatisch die Äußerungen unserer Mitmenschen nicht wortwörtlich, sondern interpretieren sie.

Lass dich nicht manipulieren!

Wie gesagt – häufig sind indirekte Sprechakte einfach eine Form der Höflichkeit. Doch für People Pleaser ist es wichtig, diesen sprachlichen Trick zu durchschauen. Denn People Pleaser wollen nicht unhöflich sein, sondern suchen Zustimmung. Sie haben Angst vor Ablehnung und Schwierigkeiten dabei, klare Grenzen zu ziehen. Außerdem sind sie besonders empfänglich für sozialen Druck und kommen daher lieber Erwartungen anderer nach, als ihre eigenen Interessen zu verfolgen. Das macht sie besonders anfällig für sprachliche Manipulationen.

Wenn du dir bewusst machst, was eine verklausulierte Äußerung in Wahrheit bedeutet, fällt es dir leichter, dich zu entscheiden, ob du der getarnten Aufforderung tatsächlich nachkommen willst oder nicht. Los, wir üben das jetzt mal.

Was steckt hinter der höflichen Formulierung?

- »Wenn es dir nichts ausmacht, könntest du noch kurz zur Post fahren.« Du solltest dich fragen, wie »kurz« so eine Fahrt zur Post letztendlich wohl ausfällt, ob dein Zeitplan das hergibt und ob dein Gegenüber darauf wirklich Rücksicht nehmen würde, denn im Grunde ist dieser Satz nur eine nette Umschreibung für: »Fahr zur Post!«
- »Es wäre total nett, wenn du mit mir den Wochenenddienst tauschen könntest.« Oh, und du möchtest ja nett sein! Aber um welchen Preis? Passt es dir wirklich in den Kram, oder müsstest du deine eigenen Pläne über den Haufen werfen? Und würdest du das auch tun, wenn man dir ein ungeschöntes »Tausch mit mir den Wochenenddienst« an den Kopf geknallt hätte?

- »Jemand müsste mal das Geschirr spülen.« Stimmt, es ist fast kein sauberes mehr im Schrank, und das schmutzige stapelt sich schon. Aber wer sagt, dass du dieser »Jemand« sein musst? Denn genau das impliziert diese scheinbare Feststellung ja. Übersetzt heißt sie: »Spül das Geschirr!«
- »Wir haben kein Brot mehr.« Das ist ebenfalls eine rein sachliche Feststellung. Auf den ersten Blick jedenfalls. Aber natürlich ist dir klar, was sie bedeutet, nämlich: »Kauf Brot!«
- »Es wäre so schön, dich mal wieder zu sehen, aber ich hab ja kein Auto.« Jemand sehnt sich nach dir. Ist das nicht eine schmeichelnde Art der Wertschätzung? Da macht es dir doch nichts aus, den weiten Weg in Kauf zu nehmen. Wobei – es gibt schließlich auch Busse und Züge. Und Mitfahrgelegenheiten. Und Zoom ... Wie dringend willst du denn diese Person treffen, die nicht bereit ist, sich selbst auf den Weg zu machen, sondern dich zu sich zitiert, ohne dich so richtig einzuladen?

Für all diese Formulierungen gilt: Sie sind weniger krass als die Befehlsform, aber tatsächlich wird dank der scheinbar höflichen Umschreibung der Druck auf dich größer, dem jeweiligen Wunsch nachzukommen. Und es wird schwieriger für dich, abzulehnen. Es sei denn, du machst dir die Sprechakttheorie selbst zunutze ...

»Nein« sagen funktioniert ebenfalls indirekt!

Du durchschaust die Manipulation jetzt. Aber das macht es nicht einfacher, denkst du? Doch – denn indirekte Sprechakte funktionieren nicht nur bei Aufforderungen, sondern auch bei Ablehnungen. Du musst also nicht »Nein, ich will nicht« sagen, sondern kannst höflich ausweichen. Geht ganz leicht, wetten?

- »Kommst du mit zu der Party?« Das ist eine Entscheidungsfrage, auf die du mit Ja oder Nein antworten müsstest – wenn es denn eine echte Frage ist. Tatsächlich kann aber ein Appell dahinterstecken. Wenn du also überhaupt keine Lust auf diese Party hast, könntest du erwidern: »Du, ich bin hundemüde, ich freu mich so auf meine Couch.« Das muss doch jeder einsehen, oder?
- »Wie wäre es mit einem Kaffee?« Auch das ist formal eine Frage, die man zugleich als Vorschlag interpretieren könnte. Je nach Situation ist es aber auch vielleicht eine Aufforderung, dass du für diesen Kaffee sorgen sollst. Falls das so ist, lass dir einfach nicht anmerken, dass du die Anspielung verstanden hast, und stell dich dumm: »Super Idee, ich nehme meinen mit Milch und Zucker.« Hihi.
- »Ich glaube, ich lass das Auto stehen, dann kann ich was trinken.« Na, das klingt ja nach einem guten Plan. Auf deine Kosten? Schließlich hast du dich doch auch auf ein Glas Wein gefreut. Und nun sollst du den Chauffeur spielen? Nicht mit dir! Antworte einfach mit einer Gegenfrage: »Das ist wohl wirklich besser. Sollen wir uns ein Taxi teilen?«

Mit der Zeit wirst du sicher nicht mehr so leicht auf Manipulation durch indirekte Sprechakte reinfallen und es immer häufiger schaffen, den Spieß umzudrehen – wetten?

Und dann gibt es ja immer noch die Möglichkeit, das, was man möchte, klar zu kommunizieren. Als Vorschlag oder höfliche Bitte. Das würde uns das Leben wahrscheinlich viel leichter machen.

Lass dir keine Schuldgefühle unterjubeln

Zugegeben: Es ist eine Sache, über sprachliche Tricks wie Modalpartikeln und indirekte Sprechakte Bescheid zu wissen – aber eine ganz andere Sache, sich dagegen zu wehren. Und das liegt an unseren Gefühlen. Manipulation funktioniert nämlich ganz hervorragend über emotionale Erpressung. »Wenn du dies oder jenes tust, macht mich das ganz traurig – und das willst du doch nicht.« Natürlich nicht, wer wäre schon so gemein? Oh, und es funktioniert auch noch subtiler: »Ich freue mich riesig, wenn du dies oder jenes machst.« Das ist Wasser auf der Mühle der People Pleaser, denn andere glücklich zu machen, ist ihr Lebenselixier!

Nehmen wir als Beispiel meine Freundin Alex. Die mir neulich an einem Freitagabend ihre Rasselbande vorbeibrachte, weil sie dringend mal ein Wochenende nur für sich brauchte. Das Ganze war mein Vorschlag gewesen – Alex würde von sich aus nie um so etwas bitten, höchstens in echten Notfällen, und ihr eigenes Wohlbefinden zählt sie nicht dazu. Ich allerdings sehr wohl.

Alex sah furchtbar aus. Blasse Haut, strähniges Haar, Ringe unter den Augen, und wie dünn sie geworden war! Vermutlich aß sie nicht vernünftig und Schlaf bekam sie auch nicht genug. Seit ihr Partner Simon im Außendienst arbeitete und häufig auswärts übernachtete, war ihr Stresspegel enorm gestiegen. Denn Mia und Jacob sind zwar ganz entzückend, aber auch furchtbar anstrengend – vor allem, wenn man so gut wie alleinerziehend ist.

»Heute machst du dir mal einen richtig schönen Tag!«, sagte ich. »Und das bedeutet nicht, dass du das Haus putzt oder bügelst.«

Alex behauptete, daran hätte sie nicht im Entferntesten gedacht, aber ihr ertappter Gesichtsausdruck verriet sie.

»Was hast du denn vor?«, fragte ich.

»Na ja, heute werde ich wohl früh ins Bett gehen und morgen lange ausschlafen, dann schön frühstücken, lesen, rumgammeln, laut Musik hören und so. Den Abend verbringe ich dann auf der Couch mit Netflix. Und am Sonntagmorgen könnte ich ein langes Schaumbad nehmen und mir dann was Schönes kochen.«

Das hörte sich doch gut an! Ich segnete ihren Plan ab und drückte sie. »Genieß die Zeit! Deine Kids sind in besten Händen.«

Und während ich mit den beiden Kuchen backte (du hättest die Küche sehen sollen! Das reinste Schlachtfeld), bastelte, auf den Spielplatz ging, für sie Burger machte und ihnen vorlas, wähnte ich Alex auf einem Wohlfühltrip. Den sie, wie mir mit jeder Minute bewusster wurde, dringend nötig hatte. Mia und Jacob hatten mich bereits im Morgengrauen geweckt, und irgendwie schienen sie niemals müde zu werden.

Doch als Alex am Sonntagmittag – mehrere Stunden vor dem vereinbarten Abholtermin – vor meiner Tür stand, sah sie kein bisschen erholt aus. Im Gegenteil – sie schien noch gestresster als am Freitagabend.

»Was ist los? Hast du Sehnsucht?«, flachste ich. »Ich wollte gerade kochen. Hast du auch Lust auf Spaghetti bolognese?«

»An sich schon«, sagte sie mit matter Stimme, »aber wir müssen zu meiner Mutter. Sie hat uns zum Mittagessen eingeladen, und da kann ich unmöglich absagen.«

»Ihr müsst?« Ich runzelte die Stirn. Alex hat nicht gerade ein unbelastetes Verhältnis zu ihrer Mutter, und ich weiß, dass die alte Dame sehr bestimmend sein kann. »War wenigstens der Rest deines Wochenendes schön?«

»Na ja …«

O-oh! Das klang nicht gerade danach.

»Ich mach dir erst mal einen Milchkaffee und du erzählst mir, wie es gelaufen ist.«

Eine Viertelstunde später hatte ich einen groben Überblick über Alex' »freies« Wochenende. Es sah ungefähr folgendermaßen aus:

Samstagmorgen, kurz nach halb acht

Das Telefon klingelt. Verschlafen meldet sich Alex. Es ist ihre Chefin Monika.

»Hallo Alex, ich würde dich ja nie stören, wenn es kein Notfall wäre, aber Sigi und Vera haben sich krankgemeldet, und ich weiß nicht, wo mir der Kopf steht. Du bist meine letzte Rettung! Kann ich auf dich zählen?«

Alex ist Einzelhandelskauffrau und arbeitet in einem Feinkostladen. Da kann natürlich keine ungelernte Aushilfe einspringen, logisch. Eigentlich hat sie mit Monika vereinbart, dass sie an Wochenenden immer frei hat – wegen der Kinder. Aber die sind ja heute nicht da, und außerdem ist sie jetzt eh wach – das mit dem Ausschlafen hat sich erledigt.
»Es wäre auch nur für ein paar Stündchen«, legt Monika nach.
»Na gut, ich komme.«

Samstagnachmittag, gegen Viertel nach zwei

Alex ist gerade nach Hause gekommen. Sie ist müde von der Arbeit, aber jetzt kann sie sich ja erholen. Gar nicht schlimm, dass sie das freie Wochenende mit etwas Verspätung beginnt. Die Couch und Netflix laufen ihr ja nicht weg.
Sie will gerade die Beine hochlegen, da klingelt es an der Haustür. Ihre Nachbarin Silvia steht davor – mit ihrem Baby auf dem Arm.
»Zum Glück bist du da!«, ruft diese erleichtert aus. »Könntest du Ella für ein paar Stündchen hüten? Mein Bruder hatte einen Unfall, ich muss dringend zu ihm ins Krankenhaus.«

Noch während sie das sagt, drückt sie Alex die kleine Ella in den Arm. »Wie gut, dass wir einander aushelfen. Als du mit Mia beim Arzt warst, hab ich Jacob ja auch in den Kindergarten gebracht.«
»Ähm, ja, okay«, stammelt die völlig überrumpelte Alex. »Ich hoffe, dein Bruder ist nicht schwer verletzt.«
»Ach was, vermutlich nur ein paar Prellungen, aber ich muss ihn abholen. Kann allerdings dauern, bis er alle Untersuchungen hinter sich hat. Hier übrigens die Tasche mit Windeln und Ellas Brei. Gegen fünf bekommt sie eine Portion. Bis dahin schläft sie bestimmt.«

Samstagabend, zwanzig vor sieben

Gerade hat Alex die Tür hinter Silvia und Ella geschlossen. Jetzt ist sie fix und fertig. Von wegen rumgammeln – die Kleine hat die ganze Zeit gebrüllt wie am Spieß, und das, obwohl Alex sie unablässig herumgetragen hat.
Jetzt hat sie keine Nerven mehr, Gemüse zu schnippeln und sich eine leckere, gesunde Bowl zu zaubern – eine Tiefkühlpizza tut's auch.
Sie hat die Quattro Stagioni gerade zur Hälfte verputzt, als das Handy klingelt. Kurz überlegt sie, einfach nicht ranzugehen, aber dann bringt sie es doch nicht fertig.
Es ist Bärbel, eine ehemalige Kollegin, mit der sie eigentlich nur noch losen Kontakt pflegt.

»Bist du daheim? Hast du was vor?«, will Bärbel wissen.
»Ja, bin ich. Und ich wollte es mir gerade gemütlich machen.«
»Ach was, es ist Samstagabend, da wirst du doch wohl nicht zu Hause versauern. Ich hab Tickets für die Comedy-Night im Kulturzentrum und allein macht das doch keinen Spaß. In einer halben Stunde hol ich dich ab.«
»Ähm ...« Alex ist völlig überrumpelt.
»Simon wird doch sicher auf die Kinder aufpassen, oder ist das ein Problem?«
Alex gibt zu, dass weder Simon noch die Kinder da sind.
»Umso besser, dann passt das ja perfekt! Wir haben uns doch immer so gut verstanden! Höchste Zeit, dass wir mal wieder gemeinsam um die Häuser ziehen. Es sei denn, du legst keinen Wert mehr auf unsere Freundschaft.«
Alex kommt gar nicht dazu, ihr zu widersprechen.

Sonntagmorgen, Punkt neun Uhr

Das Telefon klingelt. Es ist Elvira, Alex' Mutter.
»Ich hab dich doch hoffentlich nicht geweckt? Du klingst so verschlafen«, legt sie los. Natürlich liegt Alex noch im Bett. Das Läuten hat sie mitten aus einem Traum gerissen. Der Comedy-Abend war ganz nett, aber es ist spät geworden, da Bärbel noch auf einem Absacker bestanden hat.
»Hm«, macht Alex unbestimmt.

»Ich dachte mir«, fährt Elvira (deren Sätze meistens mit »Ich« anfangen) fort, »wenn du dich schon nicht meldest, dann muss ich das wohl tun. Wann hast du mich eigentlich zuletzt besucht?« (Es war vor zwei Wochen, aber Alex spart sich diesen Einwand.) »Ich weiß ja kaum noch, wie du aussiehst. Und die Kinder sind bestimmt schon wieder gewachsen. Ilse von gegenüber bekommt ständig Besuch von ihren Kindern.«
Ilse ist ja auch ein herzensguter Mensch, nicht so eine unterkühlte, unzufriedene Nörglerin wie Alex' Mutter.
»Was ich sagen wollte: Ich erwarte euch um zwölf Uhr zum Mittagessen. Es gibt Schweinebraten.«
Spätestens jetzt ist Alex hellwach, aber da hat Elvira schon aufgelegt.

Und da waren wir nun. Am Sonntagvormittag, halb zwölf, in meiner Küche. »Dabei weiß sie genau, dass ich schon seit Jahren kein Fleisch mehr esse, und die Kinder mögen eh keinen Braten«, jammerte Alex.

Am liebsten hätte ich sie in den Arm genommen und zugleich kräftig durchgeschüttelt. »Warum lässt du dir dein gemütliches Wochenende ruinieren?«, fragte ich.

»Aber was hätte ich denn tun sollen?«

»Vielleicht darauf achten, dass nicht nur alle anderen happy sind, sondern auch du.«

Alex seufzte. »Das ist leichter gesagt als getan.«

»Wie wär's damit: Nächsten Freitag bringst du mir die Kinder wieder vorbei. Dann holst du deine Erholungsauszeit nach«, schlug ich vor. »Diesmal aber wirklich!«

Emotionale Manipulation – subtil, aber effektiv

People Pleaser wie Alex fallen leicht auf unterschwellige Manipulationen herein, weil sie Konflikte vermeiden wollen und anderen gerne helfen. Deshalb ist es so leicht, ihnen ein schlechtes Gewissen zu machen, wenn sie es wagen, einmal an sich zu denken. Genauso wurde Alex ausgetrickst.

Übertreiben und unter Druck setzen

»Du bist meine letzte Rettung! Kann ich auf dich zählen?«, hat Monika gesagt, Alex' Chefin. Mit ihrer Wortwahl hat sie natürlich maßlos übertrieben. Niemand war in Lebensgefahr, es handelte sich um keine echte Notlage. Für Menschen, die gerne gebraucht und als helfend wahrgenommen werden, ist das natürlich Wasser auf die Mühle. Tatsächlich opfert Alex ihren freien Samstagvormittag im Grunde nur dafür, dass Monika mehr Umsatz macht. Die Chefin ist die Einzige, die von diesem Engagement profitiert.

Aufrechnen und Gefallen einfordern

Diese Taktik hat Silvia, Alex' Nachbarin, angewendet. Du erinnerst dich an ihre Worte? »Wie gut, dass wir einander aushelfen. Als du mit Mia beim Arzt warst, hab ich Jacob ja auch in den Kindergarten gebracht«, hat sie gesagt. Damit hat sie an einen Gefallen erinnert, den sie Alex einmal erwiesen hat. Da wäre es ja wohl extrem undankbar von Alex, sie jetzt hängen zu lassen, oder? Dass der Spaziergang zum Kindergarten und zurück maximal zehn Minuten gedauert hat, was in keinem Verhältnis zum stundenlangen Babysitten steht, lässt sie elegant unter den Tisch fallen.

Opferrolle und passiv-aggressive Formulierungen

Mit der Bemerkung »allein macht das doch keinen Spaß« hat sich Bärbel in eine Opferrolle begeben – natürlich in der Hoffnung, dass Alex ihren Abend retten wird. Und weil sie so überrumpelt wurde, fragt Alex gar nicht nach, warum ihre ehemalige Kollegin überhaupt mehrere Tickets hat – da muss wohl jemand abgesprungen sein und sie soll als Lückenbüßerin herhalten. Als Alex etwas zögert, verweist Bärbel auf ihre frühere Beziehung und fügt hinzu: »Es sei denn, du legst keinen Wert mehr auf unsere Freundschaft.« Was natürlich eine passiv-aggressive Argumentation ist, zumal die beiden sich zwar immer gut verstanden haben, aber nie echte Freundinnen waren. Natürlich verkneift sich Alex diesen Einwand. Sie will Bärbel ja nicht verletzen.

Schuldzuweisung und unfaire Vergleiche

Elvira macht Alex bewusst ein schlechtes Gewissen, indem sie sagt: »Wenn du dich schon nicht meldest, muss ich das wohl tun. Wann hast du mich eigentlich zuletzt besucht? Das muss ja ewig her sein.« Was nichts anderes heißt als: »Du bist eine schlechte Tochter, deinetwegen bin ich einsam.« Und der Vergleich mit der Nachbarin untermauert diesen Vorwurf: »Ilse von gegenüber bekommt ständig Besuch von ihren Kindern, die hat's gut.«

Wenn Alex also keine Rabentochter sein will, bleibt ihr nichts anderes übrig, als pünktlich zum Schweinebratenessen auf der Matte zu stehen.

Ja, es ist tatsächlich nicht ganz leicht, sich kein schlechtes Gewissen machen zu lassen – vor allem, wenn man nett sein und es allen recht machen will. Aber ein bisschen solltest du es auch dir selbst recht machen – und wenn du die sprachlichen Tricks derjenigen, die dich manipulieren wollen, durchschaust, kann das auch gelingen. Du schaffst das!

Die Krux mit den Komplimenten

Gehörst du auch zu denjenigen, denen es schwerfällt, Komplimente souverän anzunehmen? Würde mich nicht wundern, denn ich kenne kaum Menschen, die das wirklich draufhaben. Die meisten von uns werden entweder rot oder stammeln peinlich berührt herum oder wiegeln ab – oder alles zugleich.

Statt freundlich zu lächeln und einfach nur »Danke« zu sagen, beteuern wir verlegen, dass unser schickes Outfit uralt und/oder ein Schnäppchen ist, dass unsere Topleistung garantiert purer Zufall war und dass unser Talent nichts Besonderes ist. Du kennst das. Und ja, ich auch.

Warum tun wir uns bloß so schwer damit, uns über positives Feedback zu freuen?

Teilweise liegt es womöglich daran, dass wir Selbstbewusstsein allzu leicht mit Arroganz verwechseln, und hochnäsig wollen wir natürlich nicht sein. Nach wie vor gilt Bescheidenheit als wünschenswerte Eigenschaft. »Sei wie das Veilchen im Moose, bescheiden, sittsam und rein, und nicht wie die stolze Rose, die stets bewundert will sein« – dieser Spruch fehlte früher in keinem Poesiealbum, und auch wenn er altmodisch klingt, wirkt die Botschaft auch in der heutigen Erziehung noch nach.

Deine innere Abwehrhaltung gegenüber Komplimenten kann aber auch eine weitere Ursache haben, die dir vielleicht gar nicht bewusst ist: nämlich puren Selbstschutz. Denn Komplimente können auch ein Trick sein. Und dann ist Vorsicht geboten, vor allem, wenn du zum People Pleasing neigst!

Doch keine Sorge: Aus dieser Falle kannst du dich selbst befreien. Ganz höflich und elegant – und wenn das nicht hilft, dann eben mit etwas raffinierteren Methoden.

→ »Du bist ja so super strukturiert!«

Steht vielleicht ein Firmenevent an? Eine Familienfeier? Ein Vereinsausflug? Wird eine Benefizveranstaltung geplant oder ein Sportturnier? Dann solltest du bei so einem Lob hellhörig werden. Denn ehe du dich's versiehst, hat man dir die komplette Organisation aufgehalst. Und du fragst dich, wie dir das nur passieren konnte. Ganz einfach: Indem man dir die unangenehme Aufgabe, die sonst keiner übernehmen wollte, als Kompliment verkauft hat.

Elegante Ausrede: »Ich fühle mich geschmeichelt, aber ich will mich da nicht vordrängen. Lasst doch mal andere zum Zug kommen.«

Ultimativer Ausweg: Falls die höfliche Ausrede nicht fruchtet, weil du es mit einem besonders hartnäckigen Fall zu tun hast, greifst du eben zu krasseren Mitteln. Streue beispielsweise das Gerücht, zu den geplanten Programmpunkten würde Karaoke gehören oder Bungee-Jumping, je nach Vorlieben beziehungsweise Aversionen der Beteiligten.

→ »Du hast wirklich einen tollen Geschmack!«

Auf deinen Stil kannst du wirklich stolz sein. Doch nicht nur deshalb schaffst du es immer wieder, für deine Mitmenschen

Geschenke auszusuchen, die gut ankommen. Denn du hörst auch gut zu und merkst dir, wenn jemand nebenbei einen Wunsch äußert. Da liegt es ja nahe, dass dir die fragwürdige Ehre zukommt, die Präsente für alle erdenklichen Anlässe zu besorgen: für die liebe Familie, die Kolleginnen und Kollegen, die Jubilare im Kegelclub oder die Kunden und Geschäftspartner. Natürlich in deiner Freizeit! Dir fällt das ja so leicht, das machst du doch mit links ...

Elegante Ausrede: »Diesmal möchte ich auch überrascht werden – das verpasse ich ja, wenn ich schon weiß, wer was bekommt.«
Ultimativer Ausweg: Okay, du lässt dich noch einmal breitschlagen – aber diesmal bekommen alle ein Buch. Allerdings nicht irgendeins, sondern *Ulysses* von James Joyce oder *Die göttliche Komödie* von Dante Alighieri oder *Faust II* von Goethe – Hauptsache, es ist alles andere als leicht zu konsumieren. Wetten, dass man dir diese Aufgabe nie wieder aufbrummen wird?

➔ »Dein Kuchen schmeckt einfach am allerbesten!«
Du backst wirklich gerne, und wenn alle von deinen Plätzchen, Kuchen und Torten schwärmen, geht dir das Herz auf. Aber freu dich bloß nicht zu sehr darüber, denn wenn sich das herumspricht, darfst du bald für jeden Geburtstag, jeden Basar, jede Hochzeit und jedes Familientreffen backen. Manchmal ist es besser, so ein Hobby nur heimlich zu pflegen, sonst wird daraus bald eine zeitraubende Verpflichtung. Und dann würdest du dir wünschen, du hättest das Gerücht verbreitet, du wärst eine Niete in der Küche.

Elegante Ausrede: »Das fällt leider genau in meine Fastenzeit, und ich kann nicht backen, ohne vom Teig zu naschen.«
Ultimativer Ausweg: Verwechsele doch einfach mal Zucker mit Salz. Wetten, dass du nach diesem »Missgeschick«, das sich natürlich herumsprechen wird wie ein Lauffeuer, so bald nicht mehr gebeten wirst, etwas zu backen?

→ »Du kannst dich so gut ausdrücken!«
Okay, es fällt dir nicht schwer, Gedanken in Worte zu fassen. Nicht jeder kann so gut formulieren wie du. Und weil du zudem hilfsbereit bist, schaust du auch gerne mal drüber, wenn andere dich darum bitten, ihre Glückwunschkarten, Geschäfts-E-Mails oder Beschwerdebriefe gegenzulesen.

Aber dass du inzwischen überall, wo ein Protokoll zu schreiben ist, automatisch dazu verdonnert wirst, nervt gewaltig. Die anderen könnten sich ja auch mal Mühe geben, oder? Das Ganze ist schließlich kein Hexenwerk!

Elegante Ausrede: »So was lernt man nur durch Übung. Und dazu will ich den anderen auch mal die Chance geben.«
Ultimativer Ausweg: Einfach alles mit dem Smartphone aufnehmen und dann verschriften – mit sämtlichen Ähs, Wiederholungen und schrägen Formulierungen. Nächstes Mal wird sicher jemand anders gebeten, das Protokoll zu führen!

→ »Du bist so unglaublich diplomatisch!«
Konflikte kannst du schwer ertragen, deshalb bist du wirklich gut darin, für Harmonie zu sorgen. Kein Wunder, dass man dich ständig bittet, anderen unangenehme Botschaften zu überbringen oder aufgebrachte Streithähne zu beruhigen.

Elegante Ausrede: »Mich nimmt das emotional unglaublich mit, und danach geht es mir schlecht. Das kannst du doch nicht wollen.«
Ultimativer Ausweg: Kannst du auf Kommando in Tränen ausbrechen? Falls nein, solltest du es üben. Denn damit können die wenigsten Menschen umgehen. Lieber übernehmen sie unangenehme Aufgaben, die sie dir eigentlich aufs Auge drücken wollten, künftig selbst, als dich trösten zu müssen.

→ »Du bist so gewissenhaft und zuverlässig!«
Ein tolles Lob, vor allem im beruflichen Kontext. Vielleicht wirst du ja außerdem noch als kompetent, vertrauenswürdig, hilfsbereit oder gar selbstlos bezeichnet? Dann sollst du vermutlich mal wieder eine unerfreuliche – langweilige oder hoch komplizierte – Aufgabe erledigen, um die sich alle anderen erfolgreich gedrückt haben.

Elegante Ausrede: »Ehrlich gesagt traue ich das allen im Team zu – sie brauchen nur eine Gelegenheit, sich zu bewähren.«
Ultimativer Ausweg: Genieße das Kompliment, hake vielleicht sogar noch nach und erfrage Details, welche deiner Fähigkeiten besonders hervorstechen, und nimm das dann zum Anlass, eine Gehaltserhöhung einzufordern.

→ »Du machst mein Leben schöner!«
Dass andere sich in deiner Gegenwart wohlfühlen, freut dich. Aber es ist ja auch kein Wunder, schließlich bist du hilfsbereit und sympathisch. Aber denke daran: Du bist für niemandes Lebensglück verantwortlich. Auch nicht für das deiner Liebsten. Das klingt zwar hart, ist aber so.

Wenn ein harmlos wirkendes Kompliment wie »Du machst mein Leben schöner« nämlich mit Bedingungen verknüpft ist, sieht die Sache schon anders aus. Eltern meinen damit oft: »Ohne dich bin ich einsam. Ich bin nur dann glücklich, wenn du mich regelmäßig besuchst.« Und das kann dich gewaltig unter Druck setzen.

»Wenn du mich wirklich liebst, solltest du weniger Zeit mit anderen Menschen verbringen, sondern alles mit mir zusammen unternehmen.« Willst du wirklich auf Freundschaften und Hobbys verzichten, nur um deine Partnerschaft nicht zu gefährden?

»Du bist die beste Mama/der beste Papa der Welt! Schenkst du mir die neue Lego-Raumstation?« Okay, sehr subtil argumentieren Kinder meist noch nicht, aber selbst solche leicht durchschaubaren Manöver sind nicht selten erfolgreich ...

Elegante Ausrede: »Du machst mein Leben auch schöner, indem du mich nicht bedrängst, mir Freiräume lässt und nicht bettelst.«
Ultimativer Ausweg: Sorry, wenn es um Menschen geht, die dir wirklich wichtig sind, solltest du nicht tricksen, sondern unbedingt ehrlich sein und ganz offen sagen, wie du dich fühlst und was dich stört.

Ja, ich weiß, es ist alles andere als einfach, sich abzugrenzen. Zumal deine Mitmenschen ohne dich offenbar nicht zurechtkommen. Du wirst gebraucht, wertgeschätzt, gelobt! Das tut einfach gut.

Schade nur, dass du schon auf dem Zahnfleisch gehst vor lauter Arbeit. Und das alles freiwillig!

Willst du dich wirklich dermaßen ausnutzen lassen? Höchste Zeit, dass du endlich mal an dich denkst!

Freundliche Absagen – ohne Scherz

So ganz ernstgemeint waren die Ausreden und Auswege, die ich dir in diesem Kapitel vorgeschlagen habe, natürlich nicht (auch wenn ich davon überzeugt bin, dass sie funktionieren).

Was dir tatsächlich hilft, souverän auf als Komplimente getarnte Manipulationsversuche zu reagieren, sind folgende Tipps:

- **Empathie signalisieren und einfordern:** »Ich verstehe, du würdest dich freuen, wenn ich deinem Wunsch nachkäme, aber meine eigenen Bedürfnisse sind auch wichtig.«
- **Begründen, nicht beschuldigen:** »Das wird mir einfach alles zu viel. Ich fühle mich überlastet, deshalb muss ich diesmal ablehnen.«
- **Ich-Botschaften senden:** »Ich brauche Zeit für mich – zur Erholung und um meine Batterien aufzuladen. Nur so bleibe ich auf Dauer leistungsfähig.«
- **Alternative Lösungen vorschlagen:** »An diesem Tag passt es mir leider überhaupt nicht, aber wie wäre es mit nächstem Freitag? Da könnte ich es problemlos einrichten.«
- **Standhaft bleiben (auch wenn's schwerfällt):** »Ich sehe, du bist enttäuscht, aber meine Entscheidung steht fest. Bitte versuche nicht weiter, mich umzustimmen.«

Und wenn du ins Wanken kommst, denke unbedingt daran, dass Selbstfürsorge etwas völlig anderes ist als Selbstsucht. So aufmerksam, hilfsbereit und respektvoll du anderen gegenüber auftrittst, darfst du auch dir selbst gegenüber sein. Nein, falsch: Du darfst nicht nur, du sollst sogar!

Whataboutism – oder wie man deine Meinung kleinhält

Diskussionen sind für People Pleaser eine echte Herausforderung. Konflikten gehen sie nämlich lieber aus dem Weg. Aber manchmal lassen sich Auseinandersetzungen nicht vermeiden. Und es gibt Situationen, in denen es wichtiger ist, auf dem eigenen Standpunkt zu beharren, als anderen zu gefallen.

Mithilfe der Tipps und Kniffe aus den vorigen Kapiteln kann das auch ganz gut gelingen. Doch was, wenn das Gegenüber mit einem Killerargument dagegenhält, zu dem dir erst einmal gar nichts einfällt, außer vielleicht: »Ja, aber, äh …«?

Wir klären in diesem Kapitel, wie du Scheinargumente entlarvst und es schaffst, beim Thema zu bleiben.

Vor allem gilt es, den Trick deines Gegenübers zu durchschauen!

Wenn du satt bist, bist du satt

Du kennst das vielleicht noch aus deiner Kindheit, als du deine Fischstäbchen nicht aufessen wolltest, und es daraufhin hieß: »Denk nur an die hungernden Kinder in Afrika!«

Tja, was lässt sich dagegen schon sagen? Natürlich ist es schlimm, dass woanders Menschen Hunger leiden. Wen das nicht betroffen macht, müsste schon völlig empathielos sein.

Das hast du sicher auch schon als Dreikäsehoch begriffen. Aber trotzdem warst du satt. Oder dir wurde vom Fisch regelmäßig übel. Oder du wolltest lieber aufstehen und spielen. Oder ...

Außerdem: Dich vollzustopfen, hätte den hungernden Kindern ja auch nichts gebracht. Und die Fischstäbchen nach Afrika zu schicken, hätte ebenso wenig funktioniert.

Vermutlich fühltest du dich damals schuldig und ausgetrickst zugleich. Denn du hast damals natürlich noch nicht durchschaut, um welche Debattentaktik es sich hier handelte. Sie ist so simpel und zugleich dermaßen ausgebufft, dass auch Erwachsene regelmäßig darauf reinfallen.

Stimmt irgendwie – aber auch wieder nicht

Bestimmt kommt dir auch diese Argumentation irgendwie bekannt vor: Dein Nachbar hat sich einen fetten SUV gekauft und gibt kräftig damit an. Hundertfünfundneunzig PS, Panoramadach, Ledersitze, Allradantrieb.

Du bist nicht sonderlich beeindruckt, zumal dir Nachhaltigkeit ein echtes Anliegen ist, und machst ihn auf die klimaschädlichen Eigenschaften seiner Nobelkarosse aufmerksam – CO_2-Emissionen, Kraftstoffverbrauch, Feinstaub und so weiter. Woraufhin er müde lächelnd abwinkt und sagt: »Solange die Chinesen ihre Treibhausgase nicht reduzieren, bringt es gar nichts, wenn wir uns einschränken. Das wäre weniger als ein Tropfen auf den heißen Stein.«

Und zack, hat er dir den Wind aus den Segeln genommen. Du zweifelst zwar nicht daran, im Recht zu sein, aber irgendwie stimmt das, was er sagt, ja schon. Ein bisschen jedenfalls.

Ist also alles, was du in Sachen Klimaschutz unternimmst, zwecklos? Das Recyclingpapier, die Stromsparlampen, die Regentonne, die Mülltrennung, die Wärmepumpe, der E-Roller? Das kannst und willst du nicht glauben.

Aber mit dem unbelehrbaren Nachbarn weiterdiskutieren willst du auch nicht. Er würde sich ohnehin nicht überzeugen lassen. Umgekehrt ist es ihm aber gelungen, dich zu verunsichern. Dabei hat er nichts anderes getan, als den Fischstäbchentrick anzuwenden. Und diese Taktik heißt Whataboutism.

Nichts anderes als ein Ablenkungsmanöver

Der Begriff Whataboutism kommt daher, dass Gesprächspartner, denen keine echten Argumente (mehr) einfallen, gerne mit einer Gegenfrage ablenken, die eigentlich gar nichts mit dem Diskussionsgegenstand zu tun hat. Oft wird diese Frage mit den Worten »Und was ist mit ...?« eingeleitet, beziehungsweise im Englischen mit: »What about ...?«

Das Perfide dabei ist, dass das Thema nicht komplett, sondern nur teilweise gewechselt wird, sodass du es auf den ersten Blick gar nicht merkst. Ja, hungernde Kinder in Afrika haben tatsächlich etwas mit einem satten Kind in Europa zu tun. Aber wirklich nur gaaaaanz entfernt!

Mit einem Whataboutism-Manöver wird ein Nebenschauplatz eröffnet, ohne dass es so richtig auffällt. Tatsächlich sind deine Argumente stichhaltiger. Deinem Gegenüber fällt dazu bloß keine vernünftige Antwort ein – und lenkt genau davon ab.

Durchschaust du das nicht, bringt dich das ganz schön ins Straucheln: Du fühlst dich überrumpelt und deine schöne, vernünftige Beweisführung erscheint dir auf einmal schwach und nutzlos.

Kein Social-Media-Post ohne Whataboutism-Kommentar

Du hast ein Kundenanschreiben eines Versandhandels bekommen, bei dem du regelmäßig bestellst, und wirst darin mal wieder als »Sehr geehrter Herr« angesprochen, obwohl du eine Frau bist. Oder umgekehrt, auch solche Beispiele kenne ich.

Wie auch immer – du ärgerst dich nicht wirklich darüber, sondern amüsierst dich ein wenig und postest ein ironisches Statement dazu auf Facebook. Probier es einfach mal aus – ich wette, spätestens im fünften Kommentar regt sich irgendjemand über den sogenannten Genderwahn auf und schreibt: »In Saudi-Arabien haben die Frauen so gut wie gar keine Rechte, uns geht es im Vergleich doch gold!« oder: »Gibt es keine dringenderen Probleme als dieses leidige Gendern?« Gefolgt von einem beliebigen Beispiel, du kannst dir eins aussuchen: etwa die Bildungsmisere, der Zustand der Autobahnbrücken, die Inflation, der demografische Wandel, der Fachkräftemangel, das Klima, das Gesundheitssystem, das Schienennetz der Bahn, die Politikverdrossenheit ... Ja, es gibt viele Probleme, und ich breche die Aufzählung lieber ab, bevor du noch schwermütig wirst. Du weißt, was ich meine.

Was aber richtig nervt, ist, dass dir dein Facebook-Post gekapert wurde. Du wolltest doch nur eine schräge Anekdote erzählen. Außerdem hast du durchaus das Recht, als Frau angesprochen zu werden, wenn du eine bist. Trotz Bildungsmisere, Inflation und Co. Es geht schließlich nicht darum, welches Thema wichtiger ist (wer wollte das schon festlegen?), sondern darum, bei dem Thema zu bleiben, das du angesprochen hast!

Was tun, wenn man dich so manipuliert?

Ja, Whataboutism ist Manipulation vom Feinsten. Während du einen fundierten Standpunkt, berechtigte Kritik oder ein stichhaltiges Argument vorbringst, weicht dein Gegenüber bloß aus und versucht, unbemerkt das Thema zu wechseln.

Besonders erfolgreich ist dieses Manöver, wenn dieser Themenwechsel hin zu einem Allgemeinplatz führt, den niemand ernsthaft infrage stellt. So wie bei den oben genannten Stichworten: Klar, die Autobahnbrücken sind marode, davon hört man ja immer wieder. Und ja, die Inflation ist ein Riesenthema, ganz zweifellos.

Siehst du, was passiert? Du stimmst unwillkürlich zu. Und genau das will dein Gegenüber erreichen. Denn schon hat er oder sie in der Diskussion die Nase vorn. Aber natürlich nur scheinbar, denn deine eigentlichen Argumente wurden ja keineswegs entkräftet. Trotzdem stehst du auf einmal mit dem Rücken zur Wand.

Auch wenn du zum People Pleasing neigst und anderen lieber zustimmst, als zu widersprechen: Solchen Manipulatoren willst du doch nicht wirklich gefallen, oder?

Selbstverteidigung durch Sachlichkeit

Schauen wir uns einfach ein paar typische Beispiele für Whataboutism-Ausweichmanöver an und wie du darauf reagieren kannst.

→ »Und was ist mit damals, als du ...?«

Dein Partner oder deine Partnerin hat versprochen, dich von der Arbeit abzuholen, weil dein Auto in der Werkstatt ist, und es dann total vergessen. Du standest ewig in der Kälte herum und musstest dir schließlich ein Taxi nehmen. Verständlicherweise bist du enttäuscht und kommunizierst das auch.

Statt um Entschuldigung zu bitten, verweist dein Gegenüber auf irgendeinen Fehler, den du vor Ewigkeiten einmal begangen hast. »Und was ist mit damals, als du meinen Anzug aus der Reinigung holen wolltest, den ich so dringend für den Empfang brauchte, und es vergessen hast?«

Peng, das hat gesessen, was? Ja, stimmt, du hast auch mal etwas verpeilt. Wer nicht? Nobody is perfect. Aber darum geht es doch jetzt gar nicht!

Was du lieber nicht sagen solltest: »Ja, aber du hast neulich auch unseren Jahrestag vergessen und nicht mal dran gedacht, in unserem Lieblingsrestaurant einen Tisch zu bestellen. Und letztes Jahr hast du mir nur einen Blumenstrauß von der Tankstelle besorgt!« – Denn damit eröffnest du ein Duell der Vorwürfe und entfernst dich damit noch weiter vom eigentlichen Thema.
Was du sagen könntest: »Wir sollten jetzt lieber nicht aufrechnen, wer wann welchen Fehler begangen hat. Meine tun mir sehr leid. Ich möchte jetzt aber über das reden, was heute passiert ist.«

→ »Viel wichtiger wäre doch …«
Bei dir zu Hause wird der Abfall eigentlich sorgfältig getrennt. Irgendwer schafft es aber immer wieder, Plastik unter den Biomüll zu mischen oder Glas in den Restmüll zu werfen. Du bringst das aufs Tapet und konfrontierst die anderen mit dem Problem.

Jemand – vermutlich der Übeltäter – rechtfertigt sich mit einem Ablenkungsmanöver: »Viel wichtiger wäre doch, dass die Hersteller weniger Verpackungen produzieren. Und überhaupt wird am Ende doch alles zusammen verbrannt.«

Ersteres stimmt zwar, hat aber mit dem Fehlverhalten nichts zu tun, und Zweiteres ist eine unbewiesene Behauptung.

Was du lieber nicht sagen solltest: »Manche Lebensmittel müssen eben aus Hygienegründen verpackt sein, außerdem hab ich neulich mal einen Bericht über das Recycling gesehen, und darin wurde gezeigt, dass eben nicht alles verbrannt wird.« Damit stimmst du nämlich indirekt dem Themenwechsel zu.

Was du sagen könntest: »Schön und gut, aber darum geht es jetzt gerade nicht, und daran können wir auch nichts ändern. Woran wir aber sehr wohl etwas ändern können, ist unsere Abfalltrennung. Die sollte wirklich besser werden.«

➔ »Die anderen haben aber auch ...«

Du bist für ein Arbeitsteam verantwortlich und hast diesem eine Gruppenaufgabe gegeben. Sie wurde allerdings nicht in der vereinbarten Zeit erledigt. Du willst herausfinden, wie sich die Zusammenarbeit verbessern ließe, und führst Einzelgespräche mit allen Teammitgliedern. Die Reaktionen klingen fast so wie damals im Kindergarten: »Die anderen haben aber auch nicht geholfen.«

Was du lieber nicht sagen solltest: »Wer hat denn genau was gemacht?« Denn eigentlich geht es dir nicht um Schuldzuweisungen, sondern um eine Lösung.

Was du sagen könntest: »Mag sein, aber das ist jetzt nicht relevant. Tatsache ist, dass das Teamwork nicht funktioniert hat. Was können wir tun, um es zu verbessern?«

→ »Darf man jetzt etwa gar nichts mehr sagen?«
Eine Freundin verwendet eine diskriminierende Formulierung. Du vermutest, dass ihr das gar nicht bewusst ist, und machst sie behutsam darauf aufmerksam. Sie fühlt sich jedoch persönlich angegriffen und wettert über die in ihren Augen nervige politische Korrektheit. »Darf man jetzt etwa gar nichts mehr sagen? Ich meine es ja überhaupt nicht abwertend. Und den Ausdruck verwenden doch viele.«

Was du lieber nicht sagen solltest: »Wir leben in einem freien Land, du kannst natürlich alles sagen, aber du musst damit leben, dass ich deine Wortwahl schlimm finde.« Okay, diese Antwort wäre vielleicht gar nicht so falsch, aber du merkst selbst: Es geht nun nicht mehr um dein eigentliches Anliegen, nämlich dass sie ihre Sprache überdenkt, sondern um eure Beziehung und ihre Behauptung, man dürfe nichts mehr sagen.
Was du sagen könntest: »Es spielt keine Rolle, wie du es gemeint hast, sondern wie es verstanden wird und dass es andere verletzen kann. Ich wollte dich nur darauf aufmerksam machen, was diese Formulierung eigentlich bedeutet, mehr nicht.«

Ablenkungsmanöver durchkreuzen und zurück zum Thema
Du willst fokussiert bleiben, Grenzen setzen und dich nicht auf einen Nebenschauplatz locken lassen? Mit den folgenden Sätzen kannst du generell jedem noch so schlauen Whataboutismus das Wasser abgraben. Sag einfach:

- »Interessant, darüber sollten wir ein anderes Mal reden. Jetzt geht es aber um ...«
- »Mag sein, aber das ändert leider nichts an dem Problem, das wir gerade besprechen.«
- »Und inwiefern genau ist das für unser Diskussionsthema relevant?«
- »Würdest du bitte bei der Sache bleiben? Sonst ist eine konstruktive Diskussion leider nicht möglich.«
- »Das eine schließt das andere nicht aus. Beides ist wichtig, aber momentan konzentrieren wir uns auf ...«
- »Es geht jetzt aber nicht um andere oder um die ganze Gesellschaft, sondern um diesen speziellen Fall.«
- »Notier das am besten, damit wir es nicht vergessen, aber lass uns zunächst dieses Thema klären.«

So verhinderst du, dass das Problem relativiert, das Thema gewechselt oder kleingeredet, von eigenen Fehlern abgelenkt, ein Einwand verallgemeinert oder dass mit irrelevanten Vorwürfen und Vergleichen gekontert wird.

Bullshit-Bingo: Sätze, auf die People Pleaser reinfallen

Kommen dir diese typischen Phrasen in den Kästchen bekannt vor? Weil du sie entweder öfter mal zu hören bekommst oder sie zu anderen sagst? Das spielt bei diesem Spiel keine Rolle! Kreuze einfach jeden Spruch an, der dir vertraut ist. Wenn eine Reihe voll ist, ob senkrecht, waagerecht oder diagonal, rufst du Bingo! Und nimmst dir einen Keks.

Ich zähl auf dich!	Wenn dir was an unserer Freundschaft liegt, dann ...	Willst du etwa, dass das Projekt scheitert?	Ich wäre so froh, wenn du das für mich tun könntest!	Du bist meine letzte Rettung!
Ich würde das für dich auch tun!	Es zieht!	Du willst doch nicht, dass ich Ärger kriege!	Allein ist das doof, komm doch mit!	Das ist doch eine Chance, dein Können zu zeigen!
Niemand kann das so gut wie du!	Du lässt mich doch nicht hängen, oder?	Enttäusche mich bitte nicht!	Du bist so zuverlässig, ich traue das nur dir zu.	Wenn du mich wirklich liebst, dann ...
Holst du dir was zu essen? Ich hätte auch Hunger.	Wenn du absagst, bin ich wirklich traurig!	Nach allem, was ich für dich getan habe ...	Hier müsste mal dringend jemand aufräumen.	Du hast doch sicher nichts anderes vor.
Du bist ja immer so hilfsbereit!	Ich weiß, du bist beschäftigt, aber ...	Willst du mich etwa im Stich lassen?	Das ist für dich doch eine Kleinigkeit.	Du wirst das Richtige tun, das weiß ich!

Oh, du hast sogar alle angekreuzt? Super-Bingo! Nimm am besten die ganze Kekspackung – du brauchst dringend Nervennahrung.

AUF GUT DEUTSCH: GEFALLSUCHT

People Pleaser wollen gefallen – nicht nur, indem sie es anderen recht machen, sondern indem sie auch dafür sorgen, dass diese anderen sich überlegen fühlen. Und das funktioniert am besten, indem sie sich kleinmachen. Sich selbst herabzusetzen und für eigene Fehler in übertriebenem Maß um Entschuldigung zu bitten, ist typisch für People Pleaser. Kein Wunder, dass sie sich häufig minderwertig fühlen.

Sind People Pleaser also immer nur Opfer? Ehrlich gesagt: Nein, denn sie können mit ihrer Gefallsucht – nichts anderes ist mit diesem neudeutschen Begriff ja gemeint – durchaus nerven. Stell dir vor, du wünschst dir einen Partner, eine Freundin, einen Kollegen, eine Nachbarin, die auf Augenhöhe mit dir umgeht. Doch was tut er oder sie? Liest dir deine Wünsche von den Augen ab. Kuscht vor dir. Gibt dir immer recht. Auf Dauer ganz schön nervig, oder?

Tatsache ist: Wer sich unterwürfig verhält, kann auf Dauer nicht respektvoll behandelt werden. Und wer penetrant um Anerkennung buhlt, wird eher das Gegenteil davon ernten.

Gib mir ein Like!

Ein Großteil unseres Lebens spielt sich heutzutage auf Social Media ab. Ob Facebook, Instagram oder TikTok – die Währung, die hier zählt, ist das Like und die Zahl der Follower. Andere zu beeindrucken, ihnen zu gefallen, ihre Aufmerksamkeit zu wecken, ist für viele das Nonplusultra. Für viele People Pleaser bergen Social-Media-Kanäle die Gefahr, entweder süchtig nach Likes zu werden oder ihre ohnehin oft wackelige Selbstsicherheit noch weiter einzubüßen.

Gefallsucht gab es natürlich schon immer – doch die sozialen Medien verstärken mit ihrer speziellen Dynamik den Vergleichsdruck und den Wunsch nach Anerkennung. Dass die Selbstdarstellung hier meist idealisiert ist und mit der Wirklichkeit nur ansatzweise übereinstimmt, erhöht den Stress derjenigen, die dieses Phänomen nicht durchschauen.

Wenn das vermeintlich echte Leben zum Stimmungskiller wird

Clara war bereits zu Zeiten auf Facebook aktiv, als man noch jeden Arbeitstag mit einem Guten-Morgen-Posting (»Jetzt erst mal ein Käffchen für alle«) begann und eine digitale Glücksnuss öffnete.

Ihr gefiel, wie man auf ungezwungene Weise mit Freunden und Bekannten in Kontakt bleiben konnte, die am anderen Ende der Republik lebten.

Ihre Arbeit als Übersetzerin im Homeoffice erschien ihr plötzlich gar nicht mehr so einsam. Dank Social Media wurde ihr kleines Arbeitszimmer zum Großraumbüro, in dem immer was los war! Mal eben mit einer Kollegin über eine Formulierung diskutieren, mit alten Schulfreunden über ein lustiges Meme lachen oder der Cousine zum Geburtstag gratulieren (an den sie ohne die Erinnerungsfunktion nie gedacht hätte), das waren nette Unterbrechungen in ihrem ansonsten recht eintönigen Alltag.
Sie selbst postete am liebsten ihre Tippfehler des Tages, Fotos von ihrer Katze (Cat Content geht immer!) und Landschaftsaufnahmen. Manchmal auch ein Selfie, und wenn sie dafür viele Likes bekam oder gar ein Kompliment, freute sie sich.

✣ ✣ ✣

Vor ein paar Jahren entdeckte Clara dann Instagram für sich. Sie war begeistert von den tollen Fotos, die andere dort posteten. Doch je beeindruckender deren Feed war, desto schäbiger kamen Clara ihre eigenen Beiträge vor.
Auch wenn sie gerne las und stolz auf ihre durchaus umfangreiche Büchersammlung war – mit den »Shelfie«-Fotos der Bookstagrammer konnte sie bei Weitem nicht mithalten. Deren Regale waren perfekt sortiert, manchmal sogar nach Farben, und sahen aus wie wahre Kunstwerke!
Und dann all die Influencerinnen mit ihren Trainingstipps, ihren veganen Bowls, ihren gestylten Mähnen und ihren Schminktipps! Clara bekam ja nicht mal einen vernünftigen Lidstrich hin. Und Liegestütze ebenso wenig.

Ganz zu schweigen von den Urlaubsfotos aus aller Welt. Unfassbar, wo andere so hinreisten. Trekking in Patagonien, Schnorcheln am Great Barrier Reef, Teezeremonie in Japan, Wellness auf Bali, Sonnenaufgang am Kilimandscharo ... Da traute sich Clara gar nicht, ihre Ostseefotos zu posten. Und das, obwohl sie selbst überhaupt keine Lust auf Fernreisen hatte, der Strand auf Hiddensee war ihr absoluter Lieblingsort! Aber eben unspektakulär. Das mochte sie ja gerade daran.

Es war frustrierend. Irgendwie schienen alle anderen ein perfektes Leben zu führen. Wohin sie auch schaute, Clara sah nur noch glückliche Beziehungen, durchtrainierte Körper, harmonische Familien, aufregende Hobbys, beeindruckende Karrieren, geschmackvolle Outfits, tolle Frisuren. Ein bisschen war es so wie früher in der Kaffeewerbung. Die mit dieser Frau, die tagsüber Karriere macht, nach Feierabend erst einmal trainiert, abends schick ausgeht – und dabei immer aussieht wie ein Filmstar. Darüber hatte Clara sich immer amüsiert – Werbung war ja dermaßen unrealistisch. Aber Social Media war ja das echte Leben! Dachte sie.

✣ ✣ ✣

Mit der Zeit ging es Clara immer schlechter. Je öfter sie auf Facebook und Instagram unterwegs war, desto frustrierter war sie. Sie fühlte sich langweilig, hässlich, armselig. Nichts an ihrem Leben war besonders. Sie war so durchschnittlich! Das hatte sie zwar früher nie gestört, aber jetzt, da sie sich mit anderen verglich, zog es sie ge-

waltig runter. Kein Wunder, dass ihre Beiträge so wenige Likes bekamen.
Es fiel ihr immer schwerer, sich auf ihre Arbeit zu konzentrieren. Die kleinen Online-Unterbrechungen, die sich früher angefühlt hatten wie ein netter Büroplausch, kamen ihr jetzt vor wie die reinsten Stimmungskiller.
Bevor sie komplett in ein Burn-out abrutschte, verordnete Clara sich selbst eine Social-Media-Pause. Und um dabei nicht völlig zu vereinsamen, traf sie sich von nun an einmal in der Woche mit einer Freundin zum Mittagessen. Emily war Webdesignerin und arbeitete ebenfalls im Homeoffice.
Bei einem ihrer Treffen fragte Emily: »Wie findest du eigentlich das Celeste-Barber-Video, das ich vorhin geteilt habe? Urkomisch, oder?«
Clara gab zu, dass sie das Video nicht gesehen hatte, weil sie aus purem Selbstschutz nicht mehr auf Facebook unterwegs war.
»Aber das musst du dir anschauen«, fand Emily und zeigte es Clara.
Dieses Video war eine Offenbarung für sie! Denn es entpuppte sich als das genaue Gegenteil dessen, was sie an dieser Scheinwelt schon lange so gestört hatte.

Celeste Barber, eine australische Comedian, ist eine völlig normal aussehende Frau um die Vierzig, die sich über den Schönheitswahn der Modelbranche lustig macht, indem sie Fotos und Videos parodiert. Und zwar schonungslos! Dass sie dabei alles andere als eine gute Figur macht, ist gerade der

Witz an der Sache. Celeste Barber entlarvt die Perfektion auf Instagram als absurd und lächerlich.

Zum Schreien, wie sie sich ungelenk am Strand räkelt und von einer Welle überspült wird. Wie sie im Türrahmen einen Handstandüberschlag versucht (der natürlich nicht mal ansatzweise gelingt). Oder wie sie in nasser Unterwäsche unter der Dusche steht und vor sich hin tänzelt.

»Wie viele Follower hat diese Frau?«, staunte Clara und starrte auf Emilys Handy: »Über neun Millionen? Das ist ja unglaublich!«
»Unglaublich ist vielmehr, dass du sie bisher nicht kanntest«, erwiderte Emily. »Und überhaupt – dass du dich von Instagram dermaßen runterziehen lässt. Social Media ist total spannend – du musst nur den richtigen Leuten folgen. Die das echte Leben zeigen, keine geschönte Scheinwelt. Und von denen du wirklich profitieren kannst. Sinnfluencer statt Influencer. Googel das mal!«

Clara hat ihre Social-Media-Abstinenz übrigens sofort beendet. Ihre wöchentlichen Mittagessen mit Emily behält sie jedoch bei. Inzwischen gehört ein neues Ritual zu diesen Treffen: Sie präsentieren sich gegenseitig ihre spannendsten Netzentdeckungen. Menschen, die über mentale Gesundheit und Diversität schreiben, über Klimaschutz, Fair Trade, Nachhaltigkeit, Ernährung, Tierrechte, Chancengleichheit, Geschlechtergerechtigkeit oder Body Positivity. Den Profilen, die ihr bloß die Laune verderben, folgt sie dagegen nicht mehr. Für das Internet gilt wie für alles im Leben: Es ist, was du draus machst. Und falls du zum People Pleasing neigst, geht es dir garantiert besser, wenn du auf Social Media nach interessanten Impulsen suchst statt nach Anerkennung – und wenn du dich über spannende Ideen freust, statt dich mit Fake-Selbstdarstellern zu vergleichen. (Was ich übrigens auch Nicht-People-Pleasern von ganzem Herzen rate.)

Claras Top 3 auf Instagram

@brenebrown: Die Texanerin Brené Brown forscht und lehrt als Professorin an der Universität von Houston. Sie beschäftigt sich mit menschlichem Verhalten, und ihre wichtigsten Themen sind Mut, Verletzlichkeit, Scham und Empathie. Darum drehen sich auch ihre Beiträge auf Instagram.

@mattzhaig: Matt Haig ist einer von Claras Lieblingsschriftstellern. Der Brite ist sowohl für Romane wie *Die Mitternachtsbibliothek* oder *Wie man die Zeit anhält* bekannt als auch für Kinderbücher sowie seine Sachbücher. In *Ziemlich gute Gründe, am Leben zu bleiben* schreibt er sehr offen über seine Depressionen und seine Angststörung. Mentale Gesundheit ist ihm ein wichtiges Anliegen, das er auch auf Instagram häufig thematisiert.

@givingway: Die Non-Profit-Organisation GivingWay vermittelt Freiwillige in die unterschiedlichsten Ehrenamtsprojekte weltweit. Man kann sich zum Beispiel im sozialen Bereich engagieren, im Tierschutz oder in Sachen Nachhaltigkeit. Die Projekte reichen vom Einsatz gegen Plastikmüll über die Flüchtlingshilfe bis zu nachhaltiger Landwirtschaft.

Emilys Top 3 auf Instagram

@easyalex: Der Heimwerker Alexander Johnson veröffentlicht Videos mit seinen besten Do-it-yourself-Ideen. Das Spektrum reicht vom selbstgebauten Sandkasten und einem Bobbycar-Caravan-Anhänger über eine Outdoordusche bis hin zum Gästebett oder witzigen Dekorationsideen.
@todayis_de: Natur und Pflanzen stehen im Mittelpunkt des Instagram-Auftritts von Annemarie Imgrund. Sie postet und bloggt auch über Nachhaltigkeit, von Müllvermeidung über faire Weihnachtsbäume und Ökostrom bis zu selbstgemachten Reinigungsmitteln.
@mattmcgorry: Den Schauspieler Matt bzw. Matthew McGorry kennst du vielleicht aus Serien wie *Orange Is The New Black* oder *How To Get Away With Murder*. Darüber hinaus ist er auch Aktivist. Er engagiert sich für Body Positivity und Feminismus sowie gegen Rassismus und toxische Männlichkeit.

Warum Social Media für People Pleaser so gefährlich ist
Dafür gibt es gleich mehrere Gründe. Hier die wichtigsten:

- **Enormer Vergleichsdruck:** People Pleaser wollen anderen gefallen. Doch mit dem geschönten Bild, das andere auf Social Media von sich zeigen, kann niemand mithalten! Sich mit idealisierten Profilen zu vergleichen, macht unzufrieden.
- **Externe Bestätigung:** People Pleaser legen Wert auf Anerkennung von außen. In sozialen Netzwerken wird das noch verstärkt – Likes und Follower sind hier die ent-

scheidende Währung. Bleiben sie aus, verstärkt das die bei People Pleasern verbreiteten Selbstzweifel.

- **Verzerrte Selbstwahrnehmung:** Wo der Fokus auf Likes und Followerzahlen liegt, kann es passieren, dass man den eigenen Wert an diesem oberflächlichen Maßstab bemisst.
- **Angst vor Ablehnung:** Wer wie die meisten People Pleaser nicht gut mit Kritik oder Ablehnung zurechtkommt, neigt dazu, auf Social Media nicht authentisch zu sein. Doch: Selbst bei harmlosen Posts findet sich immer jemand, der stänkert.
- **Unrealistische Selbstdarstellung:** Der Wunsch, zu gefallen, kann dazu führen, dass man sich völlig idealisiert darstellt. Es kommt zu einer Kluft zwischen Online-Identität und echter Identität, die nicht guttut.

Bewunderung bis zur Schmerzgrenze

Darüber, dass People Pleaser Komplimenten oft misstrauisch gegenüberstehen, haben wir schon gesprochen. Du erinnerst dich: Hinter »Dein Kuchen schmeckt einfach am besten« verbirgt sich – nicht mal besonders gut getarnt – oft ein lästiger Arbeitsauftrag.

Aber wenn People Pleaser anderen Komplimente machen, kommt es zuweilen ebenfalls zu unangenehmen Störgefühlen. Und das liegt meist daran, dass es sich um völlig unangemessene und damit unglaubwürdige Komplimente handelt.

Mehr als nur ein bisschen übertrieben

Meine Freundin Sonja kennt das zu gut. »In meiner Jugend wohnte in unserer Nachbarschaft eine Frau, die mir ein bisschen unheimlich war. Sie verhielt sich irgendwie unecht – so jedenfalls mein instinktives Gefühl. Ich konnte damals nicht genauer benennen, was mich an ihr störte. Rückblickend wird mir jedoch klar, woran es lag: Sie war einfach zu freundlich«, erzählt sie.

Freundlichkeit ist doch etwas Gutes, wende ich ein, kann es davon überhaupt ein Zuviel geben?

O ja, da ist sich Sonja sicher. »Einmal saß diese Nachbarin in unserer Küche und trank mit meiner Mutter Kaffee, als ich von der Schule nach Hause kam. Lustlos rang ich mir eine wenig euphorische Begrüßung ab. Ich war eben in der Pubertät und grundsätzlich von Erwachsenen genervt. Woraufhin unser Gast erwiderte: ›Deine Eltern müssen wahnsinnig stolz und glücklich sein, eine so hübsche und intelligente Tochter wie dich zu haben.‹

Ich muss sie wohl angestarrt haben, als wäre sie ein sprechender Pinguin, so perplex war ich. Im ersten Moment dachte ich, sie wollte mich auf den Arm nehmen oder mir durch die Blume zu verstehen geben, ich wäre nicht höflich genug gewesen. Aber dann wurde mir klar, dass sie mir tatsächlich ein Kompliment gemacht hatte. Und das war dermaßen ... fernab der Realität, dass es mich unangenehm berührte und ich mich nach einem völlig verwirrten ›Danke‹ schnell in mein Zimmer verzog.«

Das kann ich nachvollziehen. Da hätte ich wohl auch nicht gewusst, was ich erwidern sollte.

Sonja kommt jetzt so richtig in Fahrt – ihr fällt noch ein weiteres Erlebnis mit dieser Nachbarin (einer eindeutigen People Pleaserin) ein.

»Einmal hat mein Vater die Waschbetonplatten vor unserem Haus erneuert. Sie hatten sich mit der Zeit gesetzt und lagen so schräg, dass der Weg zu unserer Eingangstür aus lauter Stolperfallen bestand. Nach Beendigung seiner Arbeiten lagen die nach wie vor hässlichen Platten immerhin eben und waagerecht da. Mein Vater packte gerade sein Werkzeug zusammen, da kam unsere Nachbarin vorbei, begutachtete das Resultat seiner Mühen und kommentierte es: ›Jetzt haben Sie wirklich einen hochherrschaftlichen Eingang.‹ Ich bewundere meinen Vater noch heute dafür, dass er in diesem Moment ernst geblieben ist.«

Was soll das?

Komplimente tun zwar gut, Bewunderung schmeichelt dem Ego und Lob motiviert, aber was zu viel ist, ist zu viel.

People Pleaser neigen dazu, es damit zu übertreiben. Und das fühlt sich einfach nur unangenehm an! Zumindest aber sind solche Komplimente unglaubwürdig, und man fragt sich unwillkürlich, warum einem das Gegenüber so viel Honig um den Bart schmiert: Was steckt da bloß dahinter?

Du siehst, neben Verlegenheit und Unbehagen können übertriebene Komplimente sogar Misstrauen erzeugen. Weil sie nicht als authentisch und wertschätzend wahrgenommen werden, sondern als unehrlich und manipulativ. Logisch, dass man sich da unwohl fühlt!

»Welche Äußerung deiner Nachbarin wäre dir denn echter vorgekommen?«, frage ich Sonja. Sie überlegt eine Weile und meint dann: »Einfach eine unaufgeregte, normale Begrüßung, schätze ich. Die Frau kannte mich ja kaum. Warum machte sie mir überhaupt ein Kompliment? Und dann auch noch so ein maßlos übertriebenes ... Wahrscheinlich – und das wird mir jetzt erst bewusst – wollte sie damit gar nicht mir schmeicheln, sondern meiner Mutter. Sie hat mich also als Mittel zum Zweck benutzt. Und so was fühlt sich immer blöd an.«

Gemeinsam denken wir darüber nach, wie ein angemessener Kommentar zu den Plattenverlegearbeiten von Sonjas Vater hätte klingen können. Wir einigen uns auf: »Jetzt haben Sie sich aber ein kühles Feierabendbier verdient.« Das wäre am unverfänglichsten gewesen.

Kriterien-Check: echtes oder unechtes Kompliment?

Sicher hast du am Beispiel von Sonjas Nachbarin und den Überlegungen dazu schon gesehen, worauf es bei einem guten Kompliment ankommt. Fassen wir alles hier mal zusammen: Auf ...

- **... dein Gefühl:** Verlass dich einfach auf deinen Instinkt. Fühlt sich ein Kompliment rundum gut an und du freust dich uneingeschränkt darüber, dann ist es echt. Fühlst du dich jedoch irgendwie unwohl, ist vermutlich etwas faul damit.
- **... die Botschaft:** Ein echtes Kompliment ist positiv – und zwar uneingeschränkt! »Du bist klüger, als ich dachte«

oder »Ganz schön gut für ein Mädchen« dagegen sind im Grunde gar keine Komplimente, sondern als Kompliment getarnte Beleidigungen!

- **... die Glaubwürdigkeit:** Denk nur an Sonjas Beispiele. Wenn jemand dir ein Kompliment macht, das komplett übers Ziel hinausschießt, dann ist es nicht glaubwürdig und damit auch nicht echt. Signale dafür sind Superlative, übertriebene Vergleiche und Verallgemeinerungen.
- **... die Genauigkeit:** Echte und daher erfreuliche Komplimente sind meistens sehr konkret. Sie beziehen sich auf bestimmte Eigenschaften oder Handlungen. »Ich bewundere alles an dir« wirkt unspezifisch – ganz anders wirkt etwa »Ich bewundere deine Disziplin«.
- **... die Aktualität:** Authentische Komplimente kommen meist sehr spontan und entstehen aus einer konkreten Situation heraus. Das heißt, sie beziehen sich auf das, was jemand gerade getan oder gesagt hat, wie jemand im Moment auf dich wirkt oder was dir aktuell auffällt.

Wie gut sind deine Komplimente?

Es heißt ja immer, man solle es üben, Komplimente souverän anzunehmen, statt sie kleinzureden und verlegen abzutun. Okay, es kann sicher nicht schaden, wenn du auch das bei Gelegenheit trainierst. Aber wie gut bist du darin, anderen Komplimente zu machen? Und zwar solche, über die sie sich wirklich freuen? Und durch die sie sich nicht irritiert, verlegen oder manipuliert fühlen? Lass uns das mal üben – anhand von drei Situationen, die dir vielleicht bekannt vorkommen:

Tolles Styling

Deine Kollegin – sie trägt Größe 48 – kleidet sich gerne modisch. Heute hat sie ein neues Kleid an, das ihr gut steht. Es ist knallrot und sehr auffällig, passt aber zu ihrem Stil. Was sagst du – und was lieber nicht?

A: »Wow, ganz schön mutig.«

Hm, das ist eher keine gute Idee. Warum mutig? Weil sie nicht gertenschlank ist? Sollten sich mollige Menschen in Sack und Asche hüllen? Auch wenn du es so nicht meinst, genau so könnte es rüberkommen.

Übrigens: Die österreichische Novellistin Marie von Ebner-Eschenbach (1830–1916) sagte über derartige Komplimente einmal: »Eine ungeschickte Schmeichelei kann uns tiefer demütigen als ein wohlbegründeter Tadel.«

B: »Du siehst aus wie ein Model, egal, was du trägst.«

Wirklich? Das wirkt dermaßen übertrieben, dass sich deine Kollegin vermutlich verkohlt fühlen wird. Niemand sieht in allem gut aus! Außerdem ist die Formulierung zu allgemein – bleib lieber konkret.

C: »Das Kleid steht dir super, du hast einen tollen Geschmack.«

Darüber wird sich deine Kollegin sicher freuen. Das Kompliment bezieht sich auf ihren Stil und das neue Kleid – ist also aktuell, konkret und spontan. Sie spürt, dass du es ehrlich meinst und ihr einfach mal was Nettes sagen wolltest. Gut so!

Vorbildliches Verhalten

Du bist ein wenig niedergeschlagen, weil dich Sorgen bedrücken. Ein Freund spürt das und fragt, was mit dir los ist. Du heulst dich bei ihm aus, und nach eurem Gespräch geht es dir schon viel besser. Was sagst du?

A: »Ich hätte nie gedacht, dass du so empathisch bist.«
Du merkst es selbst, oder? Das ist kein Kompliment, sondern eine Beleidigung. Denn damit sagst du im Grunde nichts anderes, als dass du ihn bis heute für einen unsensiblen Stoffel gehalten hast.
B: »Du bist der beste Mensch, den ich kenne – ein wahrer Engel.«
Das ist dermaßen unrealistisch und übertrieben, dass dein Gegenüber sich vermutlich unangenehm berührt fühlen wird. Er hat sich doch bloß wie ein wahrer Freund verhalten. Bleib einfach bei dir und deinen Gefühlen in dieser Situation.
Und denk an das, was der irische Erzähler Oscar Wilde (1854–1900) einmal sagte: »Komplimente sind wie Parfum. Sie dürfen duften, aber nie aufdringlich werden.«
C: »Du kannst echt gut zuhören, das hat mir sehr geholfen.«
Was für ein schönes, authentisches Kompliment! Du lobst ihn für seine Fähigkeiten als empathischer Zuhörer und gibst ihm gleichzeitig Feedback, dass seine Unterstützung dir gutgetan hat. Das wird ihn freuen.

Coole Überraschung
Du hast Geburtstag. Deine Freundin hat den ganzen Bekanntenkreis gebeten, ein kurzes Gratulationsvideo zu drehen, und daraus einen wirklich lustigen Film zusammengestellt. Du freust dich riesig und bedankst dich mit welchen Worten?
A: »Ich hätte nicht gedacht, dass du so witzig und kreativ bist.«
Da wird deiner Freundin vermutlich das Lächeln im Gesicht gefrieren. Du hast sie also für langweilig gehalten? Hättest ihr so etwas nicht zugetraut? Na, vielen Dank auch! Das war wohl

das letzte Mal, dass sie sich so für dich ins Zeug gelegt hat.
B: »Du bist ein Genie – alles, was du machst, ist perfekt.«
Du weißt es, deine Freundin weiß es, jeder weiß es: Nobody is perfect. Und sie ist auch kein Genie. Sondern hat sich einfach nur richtig viele Gedanken gemacht, um dir eine echte Freude zu bereiten. Hat funktioniert, oder? Also sag das auch!
C: »Du bist echt kreativ, und ich liebe deinen Humor. Danke!«
Siehst du, wie sie strahlt? Ihr Plan ist geglückt, du hast dich gefreut und über das Video sehr amüsiert. Mit deinem Kompliment zeigst du deine Wertschätzung für ihre Mühe und Talent und sagst ihr, wie sehr du dich freust. So soll das sein! Oder, wie es der US-amerikanische Schriftsteller Mark Twain (1835–1910) einst auf den Punkt brachte: »Von einem guten Kompliment kann ich zwei Monate leben.«

Ist das überhaupt ein Kompliment?

Du siehst – es gibt schöne, authentische Komplimente, es gibt als Kompliment getarnte Beleidigungen und maßlos übertriebene Schmeicheleien, die eher irritieren.

Und dann gibt es Aussagen, bei denen man nicht weiß, ob es sich überhaupt um ein Kompliment handeln könnte oder nicht.

Zum Beispiel: »Dein Kleidungsstil ist interessant.« Oder: »Du bist einfach anders.« Nicht zu vergessen: »Ich beneide dich.«

Klingt irgendwie positiv, aber nicht so richtig. Eine versteckte Kritik ist es aber auch nicht. Was also dann? Wie sollst du so ein Feedback bewerten? Ganz einfach: Wenn du nicht mit »Danke« antworten kannst, ist es auch kein Kompliment. So einfach ist das.

Der Klügere gibt nach?

Faust: »Mein schönes Fräulein, darf ich wagen, meinen Arm und Geleit Ihr anzutragen?«

Margarete: »Na gut.«

Okay – das wäre die berühmte Szene aus Goethes *Faust* in einer Der-Klügere-gibt-nach-Variante. Langweilig, oder?

Zum Glück verhält sich Gretchen, die eigentlich als wohlerzogen und schüchtern gilt, zumindest bei dieser Begegnung nicht wie eine typische People Pleaserin. Sonst wäre ihre durchaus energische Antwort »Bin weder Fräulein, weder schön, kann ungeleitet nach Hause gehen« nicht, ebenso wie die dazugehörige Frage, zum geflügelten Wort geworden. Und hätte sie dieses Selbstbewusstsein auch weiterhin an den Tag gelegt, wäre die ganze Geschichte am Ende garantiert besser für sie ausgegangen ...

Viele Romane, Bühnenstücke, Filme und Fernsehserien leben von deftigen Streitszenen – denk nur an *Wer hat Angst vor Virginia Woolf* von Edward Albee, *Der Gott des Gemetzels* von Yasmina Reza, Jane Austens *Emma*, die Serie *Friends* oder den *Kosakenzipfel* und andere herrliche Sketche von Loriot. Wenn da nach dem Motto »Der Klügere gibt nach« agiert worden wäre, kämen wir aus dem Gähnen nicht heraus.

Nun sind *Faust* & Co. aber bloß Fiktion. Wie sieht es im wirklichen Leben aus? Ist »Der Klügere gibt nach« da eine clevere Strategie?

Nun, für People Pleaser scheint es so zu sein, denn sie neigen dazu, ihrem Gegenüber grundsätzlich zuzustimmen. Beim leisesten Hauch einer Missstimmung geben sie sofort nach, nur um zu gefallen. Doch wohin führt es, bei Konfliktalarm den Kopf in den Sand zu stecken?

Kein Streit ist auch keine Lösung

Martin kann ein Lied davon singen. Nachdem Xenia, seine frühere Partnerin, über wirklich alles diskutiert hatte (vom gemeinsamen Urlaubsziel bis zur Frage, was es zu essen geben könnte), war er heilfroh, dass Linda das genaue Gegenteil ihrer Vorgängerin war. Linda hasste Auseinandersetzungen. Mit ihr war das Zusammenleben vollkommen harmonisch.

Stress durch Harmonie

Martin schlug vor, in Südtirol wandern zu gehen, und Linda stimmte begeistert zu.
Martin überlegte, sich künftig vegan zu ernähren, und Linda kaufte sofort ein entsprechendes Kochbuch.
Martin regte an, zu renovieren, und Linda nahm sich prompt eine Woche Urlaub dafür.
Es war einfach herrlich. Wenn er daran dachte, welche Kämpfe er mit Xenia hätte austragen müssen, nur um sich auf eine Wandfarbe fürs Wohnzimmer zu einigen, bekam

er schon Schweißausbrüche. Mit Linda lief das ganz unkompliziert. Sie hatte zwar Pastellgrün vorgeschlagen, aber Martin fand Weiß neutraler und moderner, und schon war Linda mit seiner Wahl einverstanden.

»Stimmt, das passt zu allem«, sagte sie. »Nehmen wir Weiß.«

Viel später erst erfuhr Martin, dass Hellgrün Lindas absolute Lieblingsfarbe war, dass sie diesen Ton unglaublich beruhigend fand und in hellgrünen Räumen am besten entspannen konnte.

»Warum hast du das damals denn nicht erwähnt?«, fragte er verblüfft.

»Ach, ich wollte mich nicht streiten«, erwiderte Linda bloß.

✣ ✣ ✣

Mit der Zeit merkte Martin, dass ihn Lindas permanente Zustimmung stresste. Er hatte das Gefühl, für alles verantwortlich zu sein und jede Entscheidung allein treffen zu müssen.

»Gehen wir zum Chinesen oder zum Italiener?«

»Ganz wie du willst, Schatz.«

»Wollen wir heute Abend ausgehen oder es uns mit einem Film gemütlich machen?«

»Entscheide du, Liebling.«

»Hast du Lust auf Scrabble oder lieber auf Backgammon?«

»Was du lieber magst.«

Manchmal versuchte er Linda aus der Reserve zu locken, indem er völlig aus dem Nichts heraus einen Streit vom Zaun brach. Zum Beispiel als Linda ihn eines Sonntag-

morgens mit einem frisch gebackenen Käsekuchen überraschte – seiner Lieblingssorte.
»Was für eine Kalorienbombe«, kommentierte er. »Willst du, dass ich aufgehe wie eine Dampfnudel?«
Natürlich hätte Linda erwidern können, dass sich Martin doch neulich erst einen solchen Kuchen gewünscht hatte und dass man von einem Stück garantiert nicht zunahm. Außerdem hätte sie darauf hinweisen können, dass es zumindest nett von ihm gewesen wäre, wenn er sich wenigstens für ihre Mühe und den Versuch, ihm eine Freude zu machen, bedankt hätte.
Doch Linda zuckte bloß mit den Achseln. »Okay, dann frier ich ihn ein für den Fall, dass mal Besuch kommt.«

✣ ✣ ✣

Martin war klar, wie schäbig er sich benommen hatte, aber dass sie sich das von ihm gefallen ließ, ärgerte ihn noch mehr, und dieser Sonntag war gelaufen.
Er sprach mit einem Freund darüber, der ihm dazu riet, mit Linda über seine Gefühle zu reden. »Du willst doch eine Partnerin auf Augenhöhe, kein Mäuschen, das vor dir kuscht.«
Doch Linda blockte Martins Gesprächsversuche ab. »Es ist doch alles in Ordnung zwischen uns. Warum willst du, dass ich mich mit dir streite, wenn es gar keinen Grund dafür gibt?«

Ja, warum wollte er das eigentlich? Mit Xenia und ihren ewigen Diskussionen war er schließlich auch nicht glücklich gewesen. Aber nun war er es ebenso wenig. Und es wird dich nicht überraschen, zu erfahren, dass die Beziehung zwischen Martin und Linda nicht gehalten hat.

Was fehlt, wenn das Gegenüber immer nachgibt?

Martin hat lange darüber nachgedacht, warum ihn Lindas ständiges Nachgeben letztendlich genervt hat. Harmonie war doch etwas Schönes! Schließlich war es ja nicht so, dass er sich nach den ewigen Zankereien mit Xenia zurückgesehnt hätte. Was hatte ihm also gefehlt?

- **Feedback:** Beziehungen, Freundschaften, Partnerschaften aller Art leben von Ehrlichkeit. Und dazu gehört nun mal auch konstruktive Kritik. Menschen, die immer nur zustimmen, haben entweder keine eigene Meinung oder sie halten damit hinter dem Berg.
- **Vertrauen:** Was ist das für eine Partnerschaft, in der sich eine Seite nicht traut, der anderen zu widersprechen und wenigstens hin und wieder eine eigene Meinung zu vertreten? Das kann ja wohl kein echtes Vertrauensverhältnis sein.
- **Kompromisse:** Bei Entscheidungen, die man zu zweit trifft, geht es nicht immer darum, dass sich einer oder eine durchsetzt, sondern dass man gemeinsam eine Lösung findet, mit der beide glücklich sind. Und meistens ist die eh besser als die ursprünglichen Ideen.
- **Offenheit:** Wenn dein Gegenüber seine Meinung verteidigt, lernst du diese Person automatisch besser kennen. Du erfährst, was ihr wichtig ist, was ihr gefällt, was sie

ausmacht. Martin zum Beispiel hätte gern früher erfahren, dass Grün Lindas Lieblingsfarbe ist.

- **Balance:** In einer ausgewogenen Beziehung respektiert man die Argumente des Partners oder der Partnerin. Doch wenn gar keine Argumente kommen, geht irgendwann auch der Respekt vor dieser Person verloren. Und das ist definitiv nicht gut!
- **Klarheit:** Paare, die sich offen austauschen und, ja, auch streiten, können die Qualität ihrer Beziehung besser einschätzen. Wenn eine Seite immer gleich nachgibt, wird das schwierig. Gibt es wirklich keine Probleme oder werden die bloß unter den Teppich gekehrt?
- **Lösungen:** Logisch, Probleme, die man nicht kennt, kann man auch nicht lösen. Sie schwelen vor sich hin. Und das kann die Person, die sie nicht anspricht, auf Dauer nur frustrieren. Oder sie explodiert irgendwann. Beides nicht optimal.
- **Austausch:** Auseinandersetzungen können interessant und stimulierend sein. Auf jeden Fall machen sie das Zusammenleben spannender als einseitige Zustimmung. Es schadet nie, neue Argumente und Aspekte kennenzulernen, um den eigenen Horizont zu erweitern.

Du siehst: Probleme oder Unstimmigkeiten nicht direkt anzusprechen und aus dem Weg zu räumen, sondern durch Schweigen, Ignorieren oder maximal indirekte Anspielungen zu umgehen, ist wenig zielführend. Das macht das Zusammensein mit People Pleasern so anstrengend und wirkt sich auf Dauer negativ auf die – private oder berufliche – Beziehung mit ihnen aus: Gesprächsversuche, die immer wieder abgeblockt werden, verlieren sich irgendwann in Schweigen. Die Folge: Spannungen stauen sich auf, Missverständnisse werden zum Normalfall, Probleme bleiben ungelöst.

Und was fehlt, wenn man Streit vermeidet?

Nachdem ihre Partnerschaft mit Martin in die Binsen gegangen ist, hat sich auch Linda so ihre Gedanken gemacht. Zuerst verstand sie nicht, wie es dazu gekommen ist. Sie hat doch alles getan, damit das Zusammenleben harmonisch verläuft. Doch dann wurde ihr klar, dass ihr Verhalten ihr auch selbst nicht gutgetan hat. Was hat ihr gefehlt?

- **Selbstwertgefühl:** Wer die eigene Meinung und persönliche Bedürfnisse unterdrückt, signalisiert sich selbst gegenüber: »Was ich denke, fühle und spüre, ist nicht wichtig.« Doch sich selbst wichtig zu nehmen, ist die Basis für harmonische Beziehungen mit anderen!
- **Identität:** Überzeugungen, Meinungen, Vorlieben, Werte, Wünsche, das ist, was eine Persönlichkeit ausmacht. Sie permanent zu verleugnen, führt dazu, dass man sich selbst verliert und am Ende gar nicht mehr weiß: »Wer bin ich überhaupt?«
- **Unabhängigkeit:** Wer Auseinandersetzungen aus dem Weg geht, um Anerkennung und Bestätigung durch andere zu bekommen, macht sich auf Dauer von deren Zustimmung abhängig. Ein Teufelskreis: Je größer diese Abhängigkeit, desto mehr fürchtet man Konflikte.
- **Zuversicht:** Wenn der Alltag von der Angst bestimmt wird, man könnte durch eine unbedachte Bemerkung

einen Streit auslösen, stresst das auf Dauer enorm. Es macht einen Menschen mutlos, pessimistisch und nimmt die Lebensfreude.

- **Entschlossenheit:** Viele Menschen haben Probleme damit, souverän Entscheidungen zu treffen. Für People Pleaser, die zum permanenten Nachgeben neigen, ist das eine besondere Herausforderung. Sie müssten ihre Entscheidung ja vertreten.
- **Zufriedenheit:** Unterdrückte und unausgesprochene Emotionen führen nicht selten zu Groll und Unzufriedenheit, wenn sie sich anstauen. Frustration macht sich breit – und ein Gefühl der Hilflosigkeit, weil man die Kontrolle über das eigene Leben damit aus der Hand gibt.
- **Gesundheit:** Aus Frustration, Unzufriedenheit und dem Gefühl der Hilflosigkeit entstehen eventuell auch gesundheitliche Probleme. Emotionaler Stress kann psychosomatische Beschwerden auslösen, von Schlafstörungen über Schwindelgefühle bis zu Migräne.
- **Glück:** Es gibt nun mal keine glücklichen Partnerschaften ohne Meinungsverschiedenheiten. Entscheidend ist, bei Konflikten fair und wertschätzend miteinander umzugehen, gemeinsam Kompromisse zu finden und sich weiterzuentwickeln.

Mit anderen Worten: Die Redewendung »Der Klügere gibt nach« ist Unsinn. Diese Strategie löst keine Probleme, sondern schafft welche. Sie ist keine Basis für eine Partnerschaft, sondern für einseitige Machtverhältnisse. Sie macht nicht zufrieden, sondern frustriert.

Außerdem: Wenn der Klügere immer nachgäbe, was hieße das im Umkehrschluss? Logisch – dass sich die Dummen durchsetzen. Was, bitte, soll daran gut sein?

Eigenlob nervt

Viele People Pleaser haben ein geringes Selbstbewusstsein. Deshalb gieren sie so nach Lob. Und wenn sie das nicht kriegen, fordern sie es penetrant ein.

Klingt wie ein Widerspruch, ist aber so.

Nein, People Pleaser sind keineswegs immer still und zurückhaltend. Sie können mit Erzählungen über ihre unglaubliche Hilfsbereitschaft furchtbar nerven. Denn wozu vollbringen sie denn all diese selbstlosen Heldentaten? Richtig: damit sie davon reden können. Bis man es nicht mehr hören kann!

Natürlich ist es etwas Wunderbares, seinen Mitmenschen zu helfen – schließlich sind wir soziale Wesen, und wer käme schon ohne die Unterstützung anderer zurecht?

Worum es hier geht, ist etwas anderes: nämlich Hilfsbereitschaft aus Berechnung. Um gut dazustehen, bewundert zu werden und Anerkennung zu ernten.

Zugegeben – kaum jemand handelt wohl aus uneingeschränkter Selbstlosigkeit. Wir sind alle keine Heiligen. Wenn sich diejenigen, denen man hilft, darüber freuen, ist das schon schön und man ist durchaus ein bisschen stolz. Wenn es dir auch so geht, keine Sorge: So ticken wir Menschen nun mal.

Wenn jedoch gute Taten allein aus Imagegründen vollbracht werden, so wie das bei der People Pleaserin Elsa der Fall ist, dann hat das durchaus einen schalen Beigeschmack.

Vielleicht kennst du ja selbst so eine Elsa? Oder erkennst dich ein Stück weit in ihr wieder? Vielleicht war dir das bisher noch gar nicht bewusst, aber – ja, auch People Pleaser können manipulieren ...

Elsa gibt Nachhilfe – natürlich gratis

Als Schülerin war Elsa für ihre guten Noten in fast allen Fächern bekannt. Sie war ein helles Köpfchen, aber daran lag es nicht allein. In jeder freien Minute lernte sie – nicht fürs Leben, sondern tatsächlich für die Zensuren. Sie sonnte sich in der Anerkennung der Lehrkräfte, und wenn sie vor der ganzen Klasse als vorbildliches Beispiel hingestellt wurde, dem die anderen nacheifern sollten, war ihr das keineswegs peinlich, sondern sie freute sich riesig darüber.
Dennoch galt sie nicht als Streberin, denn Elsa war unglaublich hilfsbereit. Max hatte die binomischen Formeln nicht kapiert? Kein Problem, Elsa nahm sich einen Nachmittag Zeit und erklärte sie ihm. Leni hatte Schwierigkeiten mit der französischen Grammatik? Sie musste Elsa gar nicht um Hilfe bitten, denn die kam ungefragt auf sie zu und bot sich an, ihr ein paar Nachhilfestunden zu geben. Unbezahlt. Einfach so, aus Gefälligkeit.
Wenn ihre Schützlinge in der nächsten Klassenarbeit dann überraschend gut abschnitten, sonnte sie sich in deren Dank. Je öfter jemand sagte: »Ohne Elsa hätte ich

das nie geschafft«, desto besser. Und wenn der Beifall zu mager ausfiel, forderte sie ihn – natürlich unauffällig – ein. »Ich freue mich so, dass sich die Mühe gelohnt hat«, sagte sie dann, und die ersehnte Lobhudelei war ihr sicher.

Nervfaktor: 1 – auf Dauer wirklich lästig.
Was man ihr zugutehält: Dass sie wirklich gut erklären kann und sich ehrlich mitfreut, wenn ihre Unterstützung hilft.
Was schwer auszuhalten ist: Dass ihre Nachhilfe nicht wirklich umsonst ist, sondern nur eine andere Währung hat: Lob.
Wie man sich davor schützt: Anderweitig Unterstützung suchen, auch wenn man die dann vielleicht bezahlen muss.

Elsa übernimmt Wochenendschichten

Nach ihrem Schulabschluss entschied sich Elsa für eine Ausbildung als Krankenpflegerin. Klar, bei ihren Noten hätte sie auch das Zeug zur Ärztin gehabt, aber ihr war der persönliche Kontakt mit den Patienten wichtiger. Und niemand war bei ihnen so beliebt wie sie! Denn trotz Stress und Überlastung hatte Elsa immer ein nettes Wort für jeden und jede übrig, zauberte selbst Schwerkranken ein Lächeln auf die Lippen, organisierte für sie ein zusätzliches Dessert oder nahm sich die Zeit, ihnen die Haare zu kämmen. Nichts war ihr zu viel.

Wenn sie einmal frei hatte, mussten sich ihre Kolleginnen und Kollegen nicht selten ein »Schade, dass Schwester Elsa nicht da ist«, anhören, was ihnen auf Dauer durchaus auf den Keks ging. Andererseits war Elsa immer bereit, für andere einzuspringen und die Schicht zu tauschen, wenn jemand etwas vorhatte. Auch am Wochenende.
Der Preis dafür war ähnlich wie seinerzeit in der Schule: Sie erwartete wortreichen Dank und wies gerne auch selbst mal auf ihre Großzügigkeit hin. »Am Wochenende? Nein, da war ich nicht im Park, ich hab doch die Schicht für Svenja übernommen«, sagte sie dann wie beiläufig. Oder: »Das Silvesterfeuerwerk? Hab ich total verpasst. Da hab ich doch an Timos Stelle gearbeitet.«

Nervfaktor: 2 – wenn man die Ohren auf Durchzug stellt, geht's.
Was man ihr zugutehält: Dass sie wirklich fleißig ist, toll mit den Patienten umgeht und jederzeit einspringt.
Was schwer auszuhalten ist: Immer dieses »Aber Schwester Elsa macht das so ...« – und dass ihre Hilfsbereitschaft Dauerthema ist.
Wie man sich davor schützt: Jemand anderen finden, der für einen einspringt – oder auf das eine oder andere Vergnügen verzichten.

Elsa wird Elternsprecherin. Ja, freiwillig!

Als Elsa Mutter wurde, ging sie ganz in dieser neuen Rolle auf. Sie genoss jede Minute der Baby- und Kleinkindzeit ihrer Tochter. Fast bedauerte sie es, als Klein-Mia mit drei in den Kindergarten kam und Elsa sie nicht mehr den ganzen Tag mit Liebe und Zuwendung überschütten konnte.

Dafür hatte sie jetzt einen neuen Wirkungskreis für ihr Engagement: den Elternbeirat. Zwar war sie schon zu Beginn der Versammlung entschlossen, sich den Posten unter den Nagel zu reißen, aber als sie merkte, dass ihn sonst niemand haben wollte, zögerte sie die Verkündung ihrer Kandidatur noch ein bisschen hinaus. So wirkte es eher, als würde sie sich schweren Herzens opfern. Der Dank der anderen Eltern war ihr gewiss.

Und sie nahm ihr Amt ernst – ebenso wie später in der Grundschule und der weiterführenden Schule. Elsa organisierte Exkursionen, Grillfeste, Stammtische und Versammlungen, nicht zu vergessen Kuchenbuffets. Und wenn die anderen Eltern stöhnten, als es ums Backen ging, übernahm sie den Großteil der Arbeit. Nur um dann während des Schulfestes ständig erwähnen zu können: »Die Nusstorte, die Erdbeer-Sahne-Rolle, der Käse-Mandarinen-Kuchen, der Frankfurter Kranz und der Bananenkuchen sind übrigens von mir. Tja, ich stand die halbe Nacht in der Küche, aber was will man machen, es hätte sonst ja niemals gereicht.«

Nervfaktor: 3 – so viel Eigenlob ist schwer auszuhalten.
Was man ihr zugutehält: Die Kuchen schmecken einfach fantastisch, und um die Ämter hat sich sonst niemand gerissen.
Was schwer auszuhalten ist: Dass sie so tut, als würde ohne sie der komplette Schulbetrieb zusammenbrechen.
Wie man sich davor schützt: Kurz zuhören, nicken, loben und dann schnell weg ... Und sich bloß nicht in ihr Gremium wählen lassen!

Elsa organisiert sich neue Freunde

Als gegenüber neue Nachbarn einzogen, die auch noch eine Tochter in Mias Alter hatten, beschloss Elsa, sich mit ihnen anzufreunden. Dabei ging sie äußerst strategisch vor. Erst brachte sie ihnen einen Korb voller Muffins vorbei und hieß sie in der Nachbarschaft willkommen. Dann bot sie an, Lilly mitzunehmen, wenn sie Mia morgens zur Schule chauffierte und nachmittags abholte. Und schließlich machte sie sich unentbehrlich, als Lilly einmal vom Fahrrad stürzte und Elsa die Erste-Hilfe-Versorgung übernahm. Da konnten Silja und Arne gar nicht anders, als Elsa und ihre Familie als Zeichen des Dankeschöns zum Essen einzuladen.
Und von da an verbrachten die beiden Familien fast jedes Wochenende zusammen, feierten Silvester miteinander und unternahmen Ausflüge zu sechst.
Immer, wenn sie den Eindruck hatte, es könnte ihren neuen Freunden zu viel werden, ließ Elsa Bemerkun-

gen fallen, die sie daran erinnerten, wie sehr sie ihr zu Dank verpflichtet waren. »Damals, kurz nachdem Lilly ihren Unfall hatte ...« wurde bei Elsa zu einer häufig benutzten Zeitangabe. Oder sie sagte Dinge wie: »Ich backe dir gerne zum Geburtstag wieder die Muffins, die ich euch beim Einzug vorbeigebracht habe, die mochtest du doch so gerne.«

Nervfaktor: 4 – Freundschaft ist toll, Freiraum ist toller!
Was man ihr zugutehält: Dass sie wirklich immer für Silja, Arne und Lilly da ist. Elsa ist eine perfekte Nachbarin.
Was schwer auszuhalten ist: Dass sie deren Dankbarkeit ausnutzt und indirekt aufdrängt. Freundschaft lässt sich nicht erkaufen.
Wie man sich davor schützt: Grenzen setzen. Sagen, dass man etwas anderes vorhat. Und wenn nichts hilft: wegziehen!

Elsa macht Geschenke

Auch wenn sie damals als Schülerin für ihre Nachhilfestunden kein Geld verlangte, sondern sich in der Währung Dank und Anerkennung bezahlen ließ, war Elsa schon früh klar, dass finanzielle Großzügigkeit etwas ist, was andere enorm beeindruckt.
Einmal, als sie mit Silja shoppen ging, kaufte sie ihrer Freundin spontan einen superteuren Seidenschal. Obwohl

diese sich wehrte, weil der Preis wirklich den Rahmen sprengte. Aber Elsa ließ sich nicht bremsen. »Lass mich doch, ich freu mich ja, wenn du dich freust«, sagte sie. Natürlich erntete Silja überall Komplimente für das schicke Teil, und dann erwähnte sie selbstverständlich stets, dass der Schal ein Geschenk von Elsa war. Und wenn sie es mal nicht tat, übernahm Elsa das. »Ich musste ihn ihr einfach schenken, das sind genau Siljas Farben, findest du nicht?« Dass Silja sich nie mit einem ähnlich kostspieligen Geschenk revanchierte, machte ihr gar nichts aus. Darauf kam es Elsa gar nicht an. Sondern darauf, für ihren guten Geschmack, ihre Großzügigkeit und ihre »Verrücktheit« im Gespräch zu sein.

Als ihre Tochter Mia älter wurde und begann, ein eigenes Leben zu führen, erkaufte sich Elsa das Recht, sich in Mias Leben einzumischen. Sie bezahlte ihr die eigene Wohnung, eine schicke Einrichtung, ein Auto und noch so einiges mehr. Da konnte es das Fräulein Tochter natürlich nicht wagen, Elsa auf Abstand zu halten. Wann immer sie Lust hatte, schneite sie bei Mia vorbei – nur auf einen Kaffee. »Hach, die Wohnung ist wirklich toll, da lohnt sich jeder Cent«, sagte sie dann. »Sei froh, dass du nicht in so einem winzigen Kellerloch hausen musst wie deine Kommilitonen.

Nervfaktor: 5 – nicht alles ist käuflich im Leben!

Was man ihr zugutehält: Dass sie unglaublich großzügig ist und überhaupt nicht erwartet, dass andere es ihr gegenüber auch sind.

Was schwer auszuhalten ist: Dass sie glaubt, mit Geld Sympathie, Dankbarkeit und Einfluss auf das Leben anderer kaufen zu können.
Wie man sich davor schützt: Was einem unangemessen erscheint, sollte man nicht annehmen. Solche Geschenke sind nie umsonst!

Bevor du dich also von einem People Pleaser wie Elsa chauffieren lässt, nimm lieber ein Taxi. Und statt sich von so jemandem beim Rasenmähen, Holzhacken, Hundesitten, Einkaufen, Umzug, Fensterputzen oder Renovieren helfen zu lassen, solltest du es lieber irgendwie allein hinbekommen – oder jemanden dafür engagieren. Kostet zwar Geld, aber man schmiert dir diesen Dienst anschließend nicht jahrelang aufs Brot. Und das ist Gold wert!

Oder hast du dich in Elsas Verhalten wiedererkannt und fühlst dich beim Lesen ertappt? Weil du dir auch gern für andere ein Bein ausreißt? Dann solltest du dich vielleicht fragen, ob du das wirklich nur aus Freundlichkeit tust oder um mit einem Lob belohnt zu werden. Und ob du es vielleicht – wie Elsa – ein klein wenig übertreibst. Schalte einfach einen Gang runter und nutze die gewonnene Zeit und Energie, um dir selbst öfter mal einen Gefallen zu tun!

People Pleaser unter sich

Eins der Grundprobleme beim People Pleasing ist, dass die Pleaser gar nicht wirklich wissen, womit sie ihre Mitmenschen glücklich machen könnten, sondern lediglich Vermutungen darüber anstellen und im Grunde auf eigene Faust handeln. Dass man dabei auch gewaltig danebenliegen kann, versteht sich von selbst. Und dann bewirken die vermeintlich guten Taten das genaue Gegenteil.

Treffen zwei People Pleaser aufeinander, wird die Sache besonders fatal. Denn natürlich würden sie einander nie gestehen, dass sie sich nicht wirklich gefreut haben über die gute Tat des jeweils anderen.

Allzu leicht wird dann ein höflicher Dank als Begeisterung missinterpretiert – und ruckzuck liegt die ungeliebte Packung Pralinen Jahr für Jahr unterm Weihnachtsbaum ...

Du willst mehr Beispiele? Aber gerne!

Das Brötchen-Missverständnis

Pia und Leo waren schon lange ein Paar. Seit sie zusammenwohnten, gehörte das gemeinsame Sonntagsfrühstück zu ihren liebsten Ritualen, denn unter der Woche kamen sie wegen ihrer unterschiedlichen Arbeitszeiten nur selten dazu.

Während Pia den Tisch deckte, fuhr Leo mit dem Fahrrad los und besorgte Brötchen. Wenn er zurückkam, zauberte er zwei Café au Lait, legte schöne Musik auf und los ging's.

Es war immer dasselbe: Pia wählte das erste Brötchen aus, schnitt es in der Mitte durch und gab Leo die obere Hälfte – die mit den viele Körnern, die er so gern mochte.

Dann wählte Leo eins aus, schnitt es ebenfalls in der Mitte durch und gab Pia die untere Hälfte – die so schön fest war, wie Pia es bevorzugte.
Irgendwann – zu diesem Zeitpunkt lebten sie schon seit drei Jahren zusammen – luden sie seine und ihre Eltern zum Osterfrühstück ein.
»Das muss wahre Liebe sein«, kommentierte Leos Mutter grinsend, als er die untere Brötchenhälfte an Pia weiterreichte.
»So ist es«, erwiderte Leo. »Pia mag die lieber.«
»Und Leo mag die obere lieber«, ergänzte Pia.
Als ihre Eltern sie darüber aufklärten, dass es sich genau umgekehrt verhielt, schwiegen beide verblüfft – und prusteten dann los. Tatsächlich hatten sie einander jahrelang vermeintlich einen Gefallen getan, der in Wirklichkeit gar keiner war.

Der Serien-Flop

Simone und Elena waren seit der Grundschule beste Freundinnen. Schon damals waren beide echte Bücherwürmer. Sie gaben ihr Taschengeld fast ausschließlich für Lesestoff aus. Natürlich kauften sie unterschiedliche Bücher, damit sie sie hin und her tauschen konnten. Beide liebten Internatsserien, Detektivgeschichten und Jugendromane über die erste Liebe.

Später lebten sie in unterschiedlichen Städten, blieben aber über Telefon, Facebook und WhatsApp in ständigem Kontakt.
Wie schon zu Kinderzeiten schenkten sie einander zum Geburtstag Bücher. Doch ihr Geschmack hatte sich mit den Jahren auseinanderentwickelt. Simone stand auf Fantasy mit Drachen, Vampiren und Dämonen, Elena bevorzugte Krimis und Liebesromane. Als sie von Simone zum Vierzigsten einen Fantasywälzer bekam, wollte sie ihre Freundin nicht enttäuschen und bedankte sich wortreich. Doch so gerne sie las, sie schaffte es einfach nicht, sich auf diese Geschichte einzulassen. Vor ihrem nächsten Treffen mit Simone las sie einige Onlinerezensionen, damit sie, als Simone nachfragte, ein paar Pseudo-Leseeindrücke zum Besten geben konnte.
Dass diese Art Literatur so gar nicht ihr Ding war, hätte sie nie direkt gesagt. Höchstens durch die Blume anklingen lassen. Indem sie Simone zu deren Vierzigsten einen Thriller schenkte. Simone schien begeistert zu sein, denn bei ihrem nächsten Telefonat schwärmte sie von dem interessanten Ermittler, dem tollen Setting, den unerwarteten Plot-Twists und dem überraschenden Finale. Aha, dachte, Elena, im Grunde mag Simone diese Art Bücher wohl auch lieber.
Doch dann kam der nächste Geburtstag und Elena bekam den nächsten Band der Fantasysaga. Wohlgemerkt: einer zehnbändigen Saga! Nun gut, die Thrillerserie hatte ebenso viele Bände, und die schenkte sie nach und nach ihrer Freundin.

Erst als sie anlässlich ihres fünfzigsten Geburtstages ein Wellnesswochenende miteinander verbrachten und eines Abends etwas angeschickert waren, gestanden sie sich gegenseitig, keine einzige Zeile der zehn Bücher gelesen zu haben. Alles, was sie darüber wussten, stammte aus Rezensionen.
Kichernd fielen sie sich in die Arme und schworen einander, in Zukunft immer gnadenlos ehrlich zu sein. Und beim nächsten Besuch tauschten sie die Bücherserien einfach.

Die Überraschungsparty-Pleite

Rico behauptete zwar, sein Geburtstag sei für ihn ein Tag wie jeder, doch das konnten die anderen aus seiner WG kaum glauben.
»Ein Geburtstag ganz ohne Feier, das ist doch total traurig«, fand Anne.
»Vielleicht scheut er sich vor dem Aufwand«, glaubte Leyla.
»Wir sollten ihn zu seinem Glück zwingen. Hinterher wird er uns dankbar sein«, meinte Fabian.
Und so planten die drei eine Überraschungsparty für ihren Mitbewohner. Sie erstellten eine Gästeliste, verschickten Einladungen, kauften Unmengen an Getränken, organisierten das Essen und erfanden einen Vorwand, unter dem sie Rico am Abend seines Geburtstags aus dem Haus

locken wollten. Und wenn er dann zurückkäme, wäre die Bude voller Freunde, die »Überraschung!« riefen und ihm gratulierten.

Natürlich gelang das mit der Heimlichtuerei nicht so ganz. Wenn in einem Vier-Personen-Haushalt auf einmal Wein- und Biervorräte gelagert werden, die eigentlich für ein ganzes Jahr reichen müssten, schöpft selbst der Ahnungsloseste Verdacht. Aber da war es im Grunde schon zu spät – die drei steckten mitten in den Vorbereitungen, und er wollte ihnen die Überraschung nicht verderben.

Doch an Ricos Geburtstag gab es Eisregen, der die Straßen in eine einzige Schlittschuhbahn verwandelte. Eine Absage nach der anderen ging ein, und schließlich war klar: Sie würden zu viert feiern.

Rico tat so, als hätte er von der misslungenen Überraschungsparty nichts geahnt, und die anderen taten so, als wäre Raclette zu viert genau das, was sie geplant hatten.

»Das war die schönste Geburtstagsfeier, die ich je hatte«, sagte Rico noch zur Sicherheit. Nicht, dass jemand auf die Idee kam, die Sache mit der Überraschungsparty im nächsten Jahr noch einmal zu probieren.

Das Rollbraten-Drama

Karin ernährte sich eigentlich am liebsten vegetarisch. Doch als ihr neuer Schwarm Timm zum ersten Mal zum

Essen kam, wagte sie nicht, ihm Gemüselasagne oder irgendwas mit Tofu vorzusetzen – schließlich stehen die meisten Kerle doch auf Fleisch. Sie kaufte beim Metzger einen fertigen Rollbraten, den sie nur noch aufwärmen musste, und servierte ihn mit Kartoffelklößen und Rotkraut.
Hinterher beglückwünschte sie sich für diese Entscheidung, denn Timm aß zwei Portionen. »Toll gewürzt und wunderbar knusprig«, lobte er ihre Kochkünste, die ja eigentlich die ihres Metzgers waren.
Von da an brachte sie diesen Rollbraten regelmäßig auf den Tisch, wenn Timm bei ihr war. Oder Fleischkäse. Oder Schnitzel.
»Nun will ich aber auch mal für dich kochen«, sagte Timm irgendwann. Als sie seine Wohnung betrat, duftete schon alles nach Rollbraten.
»Ich hab dir dein Lieblingsessen gemacht«, strahlte er sie an.
»Oh, wie süß von dir«, erwiderte sie und wagte nicht, zu erklären, dass sie all diese Fleischgerichte ja nur ihm zuliebe auf den Tisch brachte.
Nach dem Essen bewunderte sie seine umfangreiche Kochbuchsammlung. »Aber – das sind ja alles vegetarische und vegane Rezepte«, stellte sie verblüfft fest.
Du ahnst es schon: Eigentlich mochte Timm gar kein Fleisch. Aber er mochte Karin.

Das Gemälde-Dilemma

Johannes, einer von Henrys ältesten Freunden, war Kunstmaler. Er hatte es geschafft – seine Werke wurden in renommierten Galerien verkauft und erzielten enorme Summen. Henry war stolz auf seinen Freund, auch wenn er kein großer Fan moderner Kunst war. Er wäre nie auf die Idee gekommen, ein Ölgemälde in sein Wohnzimmer zu hängen – bis Johannes ihm eines Tages eins schenkte. Der Künstler war ganz aufgeregt, und während Henry das Riesenpaket auspackte, dokumentierte Johannes das mit unzähligen Handyfotos.

Als Henry das Gemälde schließlich betrachtete, erstarrte er regelrecht. Johannes interpretierte das als pure Begeisterung. »Na, da staunst du! Wie findest du es? Wo wirst du es hinhängen? Dort drüben überm Sofa vielleicht?«

»Aber ... das ist ja mein Kopf«, stammelte Henry.

»Ja, dein Porträt. Stark verfremdet, aber man erkennt dich sofort. Ich wusste, du freust dich!«

»Ich weiß gar nicht, was ich sagen soll«, erwiderte Henry. Er war fassungslos. Natürlich hatte Johannes da ein tolles Kunstwerk erschaffen. Aber was sollte er mit einem Bild seines Kopfes anfangen? Und das in einsfünfzig auf zwei Metern? Er war doch kein Egomane, der sich gern an seinem eigenen Anblick ergötzte. Und was sollten andere Besucher von ihm denken, wenn sie sein Konterfei in Riesenformat erblickten? Daran hatte Johannes wohl nicht gedacht, als er ihn mit diesem Werk überraschte.

Doch das Bild abzulehnen, nein, das konnte Henry seinem Freund einfach nicht antun. Und so ließ er zu, dass der es aufhängte. Kaum war Johannes gegangen, nahm Henry es von der Wand und versteckte es hinterm Sofa. Um es dann immer, wenn Johannes seinen Besuch ansagte – zum Glück war er kein spontaner Typ, von diesem einen Überraschungsgeschenk einmal abgesehen – wieder aufzuhängen.

»Warum reden die denn nicht einfach offen?«, wirst du dich beim Lesen sicher gefragt haben. Tja, offene und ehrliche Kommunikation ist das A und O. Aber wenn niemand mehr spekulieren würde, was anderen gefallen könnte, gäbe es keine Geschichten über derartige Missverständnisse mehr, und das wäre ja auch irgendwie schade.

Gute Frage: Sucht bleibt Sucht?

Es gibt die Trunksucht, die Spielsucht, die Geltungssucht, die Sehnsucht, die Eifersucht, die Streitsucht, die Fallsucht, die Drogensucht, die Habsucht, die Gelbsucht, die Lesesucht, die Naschsucht, die Magersucht, die Tobsucht, die Tanzsucht, die Verschwendungssucht … und die Gefallsucht. Letzteres ist nichts anderes als ein schonungsloses Synonym von People Pleasing auf gut Deutsch.

Ist People Pleasing also eine Suchtkrankheit?

Moment – so einfach kann man das nicht sagen. Schauen wir uns die oben genannten Begriffe erst einmal genauer an.

Okay, bei Trunksucht und Drogensucht besteht wohl kein Zweifel daran, dass es sich um echte Süchte handelt.

Gelbsucht und Fallsucht (veraltete Bezeichnung für Epilepsie) bezeichnen dagegen Krankheiten. Hier schimmert die sprachliche Herkunft des Wortes »Sucht« durch – nämlich vom alt- und mittelhochdeutschen *Suht* beziehungsweise *siech* mit der Bedeutung »krank sein«. Diese Wurzel steckt in Begriffen wie Seuche und Siechtum, aber auch im englischen *sick*, dem niederländischen *ziek* oder dem schwedischen *sjuk*.

(Ist ja schon gut, bevor der sprachwissenschaftliche Gaul wieder mit mir durchgeht, höre ich auf, dich mit Etymologie zu langweilen.)

Wer Eifersucht und Sehnsucht empfindet, kann zwar wirklich leiden, aber letztendlich geht es hier eher um Gemütszustände oder Verhaltensmerkmale. Ähnlich wie bei der Tobsucht reagieren Betroffene übertrieben und schaffen es einfach nicht, ihr Verhalten zu kontrollieren.

Habsucht, Streitsucht und Geltungssucht lassen sich unter der Rubrik Charakterschwächen einsortieren, Lesesucht und Tanzsucht schließlich bezeichnen einfach nur Leidenschaften, denen man gerne frönt.

Es scheint also verschiedene Stufen von Sucht zu geben, und die Skala reicht von Persönlichkeitsmerkmalen und harmlosen Vorlieben über Verhaltensauffälligkeiten weiter zu Krankheiten und schließlich zu einem echten Abhängigkeitssyndrom.

Und wo genau lässt sich hier die Gefallsucht einsortieren?

Was heißt hier abhängig?

Beim Stichwort Sucht denken die meisten spontan an illegale Drogen. Tatsächlich haben laut statista.com über fünfunddreißig Prozent aller Erwachsenen Erfahrungen damit gemacht. Doch einmal einen Joint oder Ecstasy konsumiert zu haben, bedeutet noch lange nicht, dass man abhängig ist.

2022 hatten über die Hälfte aller deutschen Patienten ambulanter und stationärer Suchthilfeeinrichtungen Probleme mit der legalen Droge Alkohol. Illegale Substanzen wie Cannabis, Heroin, Kokain, Speed oder Ecstasy spielen vergleichsweise eine untergeordnete, wenn auch keine harmlose Rolle. Und natürlich kann man auch von Tabletten abhängig werden oder sogar normalen Haushaltsartikeln wie Klebstoff, wenn man ihn schnüffelt.

Welche Droge auch immer konsumiert wird – eine Abhängigkeit kann je nach Substanz bereits nach erstmaligem Konsum entstehen oder erst nach längerem und exzessivem Missbrauch. Doch nicht nur der Konsum von Drogen kann abhängig machen – auch zwanghafte Verhaltensweisen gelten als Suchtkrankheit. Hierzu gehören beispielsweise pathologisches Spielen, exzessive Mediennutzung, Kaufrausch oder Essstörungen.

So wirken Suchtmittel

Ganz gleich, ob man von einem Rauschmittel oder einer Verhaltensweise abhängig ist, die Psyche reagiert ähnlich: Im Gehirn werden Botenstoffe aktiviert, die glücklich machen. Man nennt das »Belohnungseffekt«. Und das macht den Entzug so schwierig – denn die Sehnsucht nach diesem Glücksgefühl wird nicht geringer, sondern immer größer.

Betroffene neigen dazu, ihre Abhängigkeit zu verheimlichen, zu bagatellisieren oder ganz zu verleugnen. Doch man merkt ihnen die Sucht an, denn sie leiden häufig unter starken Stimmungsschwankungen, verlieren ihr Interesse an sozialen Kontakten oder ihrer Arbeit und sind oft unkonzentriert. Auch Nervosität, Gereiztheit, Schlafstörungen und Panikattacken sind keine Seltenheit. Hinzu kommen körperliche Symptome wie Schweißausbrüche, Übelkeit, Gewichtsverlust, Krampfanfälle, Herzrasen oder neurologische Ausfälle.

Ist Elsa süchtig?

Nun wissen wir aber immer noch nicht, ob People Pleasing wirklich eine Sucht ist.

Die Weltgesundheitsorganisation WHO nennt bei der Definition von Abhängigkeit vier Kriterien:

- Das unbezwingbare Verlangen nach dem Suchtmittel
- Die Tendenz zur Dosissteigerung und damit Toleranzerhöhung
- Die Abhängigkeit von der Wirkung des Suchtmittels
- Die Schädlichkeit für Betroffene und Gesellschaft

Schauen wir uns das Beispiel von Elsa, die du im vorigen Kapitel kennengelernt hast, noch einmal daraufhin an.

Erfüllt sie die vier Kriterien der WHO auf Abhängigkeit?

Nun, dass sie ein großes Verlangen danach hat, anderen zu helfen, um dafür Lob und Anerkennung zu bekommen, steht außer Frage.

Vermutlich hat sie ihre People-Pleasing-Dosis im Laufe des Lebens auch gesteigert. Oder anders gesagt: Dieses Verhaltensmuster hat sich verfestigt und ist zu einem Teil ihrer Persönlichkeit geworden. Genau wie es sich manche Menschen angewöhnt haben, gern Witze zu erzählen, beim Kochen vor sich hinzusummen oder jeden Morgen eine To-do-Liste zu schreiben, um die im Laufe des Tages dann abzuarbeiten.

Ist Elsa tatsächlich abhängig vom People Pleasing? Zeigen sich physische oder psychische Symptome? Hm – das wäre wohl zu viel behauptet. Elsa bekommt weder Schweißausbrüche oder Zitteranfälle, sie hat auch keine Schlafstörungen oder Panikattacken. Okay, wenn es ihr gelingt, jemandem eine Freude zu machen und dafür Anerkennung zu ernten, stellt sich bei ihr durchaus ein gewisses Glücksgefühl ein. Andererseits: Bei wem wäre das anders?

Auch das vierte Kriterium, nämlich die Schädlichkeit für einzelne Personen oder die Gesellschaft, ist nicht wirklich gegeben. Wenn man davon absieht, dass Elsas Verhalten kolossal nerven kann jedenfalls. Aber das tun auch Menschen, die ständig herumjammern oder die eine schrille Lache haben.

Mit anderen Worten: Die Kriterien sind nicht erfüllt.

Also alles bestens?

Zugegeben, Gefallsucht ist keine echte Suchtkrankheit, nicht mal eine psychische Erkrankung, sondern nur ein erworbenes Verhaltensmuster. Aber sie weist suchtähnliche Merkmale auf – vom ersehnten Belohnungsgefühl bis hin zu Stress, Erschöpfung und anderen negativen Auswirkungen auf die eigene Gesundheit.

Aber sehen wir es positiv: Erworbene Verhaltensmuster kann man sich auch wieder abgewöhnen. So wie Nägelkauen, Selbstgespräche oder die Vorliebe für Fast Food. Packen wir's an!

DU BIST DOCH NICHT EVERYBODY'S DEPP VOM DIENST

Du willst kein Spielverderber sein, sondern lieber
Everybody's Darling? Es allen recht machen, damit jeder dich mag?
Kannst du versuchen. Aber erstens wird es eh nicht gelingen,
weil es einfach unmöglich ist, und zweitens rate ich dringend davon ab.
Denn: Ruckzuck bist du Everybody's Depp vom Dienst ...

Und dann drängt man dich zu Aufgaben, für die du keine Zeit hast,
die dir unangenehm sind, die dich belasten. Bald bist du so damit
beschäftigt, Rücksicht auf andere zu nehmen und ihre Wünsche zu
erfüllen, dass du dich selbst und deine eigenen Wünsche ganz vergisst.

Und wozu das Ganze? Dafür, dass andere es leichter haben im Leben?
Am Arbeitsplatz, in der Clique, im Verein, in deiner Beziehung,
in der Familie – willst du wirklich überall an letzter Stelle stehen?
Hallo, bin ich denn hier die Einzige, die auch mal an dich denkt???

Der Mythos der sich aufopfernden Mutter

Amely ist eine moderne, erfolgreiche Frau: unabhängig und intelligent, selbstbewusst und empathisch, emanzipiert und vielseitig. Sie weiß, was sie will, und vor allem auch, was sie nicht will.

Mit Daniel führt sie eine Partnerschaft auf Augenhöhe. Die beiden lieben sich nicht nur, sondern schätzen und respektieren einander auch.

In ihrem Job als Rechtsanwältin kann Amely tagtäglich ihre Durchsetzungskraft unter Beweis stellen, ebenso ihre kommunikative Kompetenz und ihren Fleiß.

Privat engagiert sie sich in einem Frauennetzwerk, setzt sich für Gleichberechtigung und Empowerment ein. Außerdem macht sie gerne Yoga, betreibt Ausdauersport und spielt zur Entspannung Klavier.

Daniel ist als Pilot viel unterwegs und genießt es, in seiner Freizeit für Amely zu kochen. Er ist stolz auf seine tolle Frau. Ein braves Hausmütterchen wäre ihm viel zu langweilig. Die zwei sind ein echtes Power-Paar.

Als Amely schwanger wird, freuen sich beide unbändig auf das Baby. Gemeinsam streichen sie das Kinderzimmer (in Gelb und Grün, genderneutral, warm und freundlich), kaufen süße kleine Strampler und Bodys, bauen gemeinsam ein Bettchen auf, besuchen die Geburtsvorbereitung als Team und diskutieren leidenschaftlich gern über mögliche Vornamen.

Amely ist davon überzeugt, dass ein Kind an der Dynamik ihrer Partnerschaft nichts ändern wird. Auch nicht an ihrem Frausein und ihrer Rolle in der Gesellschaft. Die Ahnungslose!

Auf einmal ist alles anders

Amely kann ihre Schwangerschaft genießen. Sie leidet weder unter Übelkeit noch unter sonstigen Einschränkungen, und als ihr Bauch sie unbeweglich macht, geht sie einfach schwimmen statt zu joggen, wenn sie sich mal auspowern will.

Sie sieht sensationell aus – ihre Haut hat einen frischen Schimmer, ihre Augen leuchten, das Haar ist voll, sie strahlt pures Glück aus.

Als werdende Mutter eine gewisse Bewunderung zu erfahren, gefällt ihr insgeheim ganz gut, auch wenn sie ständig betont, dass so etwas ja eigentlich nichts Besonderes ist – immerhin haben Milliarden von Frauen das Gleiche erlebt.

Die Geburt ist dann auch gar nicht so schlimm, wie sie es sich vorgestellt hat, und danach sind die Schmerzen schnell vergessen. Doch darauf, was anschließend kommt, hat sie niemand vorbereitet: Schlafmangel. Erschöpfung. Versagensängste. Überforderung. Hormone!

Hauptsache, dem Baby geht's gut

Am schlimmsten für Amely ist das Gefühl, nicht mehr sie selbst zu sein. Manchmal kommt sie erst am Nachmittag dazu, mal schnell unter die Dusche zu hüpfen oder sich auch nur die Zähne zu putzen. Sie sieht müde und abgespannt aus, trägt nur noch Jogginghosen und vollgesabberte Shirts, verfolgt keine Nachrichten mehr, alles ist ihr egal, denn sie weiß einfach nicht, wo ihr der Kopf steht.

Das scheint auch niemanden zu interessieren – alle erkundigen sich nur nach dem Baby – wie es ihr geht, fragt kein Mensch.

Daniel hat ein paar Wochen Urlaub genommen, danach wechselt er von Langstreckenflügen zu Kurzstrecke, um so oft wie möglich zu Hause zu sein. Amely hat sich vorgenommen, ein Jahr lang nicht zu arbeiten, danach kommt der kleine Linus in die Krippe. Aber schon nach drei Monaten sehnt sie sich nach ihrem Job zurück und danach, Erwachsenengespräche führen zu dürfen.

Der Austausch mit den anderen Müttern in der Krabbelgruppe frustriert sie. Alles dreht sich um den perfekten Buggy, die perfekte frühkindliche Förderung, den perfekten Autositz, die perfekten Windeln. Dass sie es kaum erwarten kann, endlich wieder arbeiten gehen zu dürfen, wagt sie in diesem Umfeld nicht zu erwähnen, um nicht als Rabenmutter dazustehen.

Daran, ihre Hobbys auszuüben, ist nicht zu denken. Nicht einmal Klavierspielen ist drin, denn davon wird Linus sofort wach, und dann fängt er an zu brüllen wie am Spieß. Und für Sport hätte sie ohnehin keine Kraft ...

Als Linus ein Jahr alt ist und halbtags fremdbetreut wird, ist Amely zwar erleichtert, doch gleichzeitig plagt sie ein schlechtes Gewissen. Jedes Mal, wenn jemand sie fragt, ob sie denn keine Sehnsucht nach ihrem Kind hat und warum sie Linus abschiebt, versetzt ihr das einen Stich.

Bis zur Selbstaufgabe

Natürlich will Amely eine gute Mutter sein! Aber bedeutet das denn automatisch, dass sie für die nächsten zehn bis zwanzig Jahre kein eigenes Leben mehr hat? Es nervt sie, sich dafür rechtfertigen zu müssen, dass sie das tun möchte, was sie gut kann und wofür sie ausgebildet ist. »Es ist ja nicht so, dass ich Linus abgebe, um ins Spa zu gehen«, seufzt sie. Doch selbst wenn sie das täte, was wäre dabei?

Daniel wird natürlich nie gefragt, ob er sich nach seinem Kind sehnt, wenn er beruflich unterwegs ist. Niemand macht ihm ein schlechtes Gewissen. Im Gegenteil, wenn er sich um Linus kümmert, zum Beispiel mit ihm auf den Spielplatz geht oder in den Zoo, gilt das als wahre Heldentat. Dass er den Sohnemann auch wickelt, füttert, badet und ins Bett bringt, wird im Familien- und Bekanntenkreis regelrecht gefeiert. Was für ein moderner Mann! Amely hat so ein Glück mit ihm. Sie sollte wirklich dankbar sein.

Natürlich liebt Amely ihre zwei Männer heiß und innig, aber das Gefühl, sich selbst aufgeben zu müssen, um den Ansprüchen der Gesellschaft zu genügen, bleibt. Und sie fragt sich, was das eigentlich bedeutet: eine »gute« Mutter zu sein.

Alles andere als modern

Je länger Amely über das Muttersein nachdenkt, desto klarer wird ihr, dass die Eigenschaften einer (vermeintlich) idealen Mutter das genaue Gegenteil dessen sind, was sie als moderne Frau bisher ausgemacht hat. Nicht mehr Selbstbewusstsein, Unabhängigkeit und Intelligenz sind gefragt, sondern Selbstlosigkeit, Aufopferungsbereitschaft und Unermüdlichkeit. Alles Merkmale, die aus einem althergebrachten Rollenverständnis stammen, das offenbar noch immer in den Köpfen moderner Menschen herumspukt.

Die liebende Mutter sorgt für ein schönes Zuhause und gesundes Essen, kümmert sich um die Förderung und Bespaßung des Nachwuchses, kutschiert die lieben Kleinen zum Kinderturnen, zur musikalischen Früherziehung, zum Kinderarzt, zu Spieltreffs, später zur Klavierstunde, zum Ballettunterricht, zum Fußballtraining, zu Sportturnieren. Sie hilft beim Vokabelnlernen, überwacht die Hausaufgaben, geht zu Elternabenden, sorgt für pädagogisch wertvolle Spielsachen, räumt hinterher, hört zu, schlichtet Streit, bindet Schuhe, wischt Rotznasen, tröstet, verarztet, bemuttert. Sie ist 24/7 im Dienst, immer verfügbar, hat nie frei. Mit anderen Worten: Sie ist die People Pleaserin der Familie.

»So bin ich nicht«, stellt Amely fest. Und sie beschließt, lieber eine glückliche Mutter zu sein als eine gute Mutter nach der traditionellen Definition. »Nur, weil ich jetzt ein Kind habe, bin ich ja kein völlig anderer Mensch«, findet sie. »Ich werde mich deswegen garantiert nicht in eine People Pleaserin verwandeln. Schlimm genug, dass man mein Verhalten jetzt nach ganz anderen Maßstäben bewertet.«

Was vorher als zielstrebig und erfolgreich galt, lässt sie nun auf einmal rücksichtslos und kaltherzig wirken. Sogar ihre Mutter lässt ihre Missbilligung durchblicken, von wegen: »Deine Karriere kann dir doch nicht wichtiger sein als dein Sohn?«

Anfangs hat Amely dagegengehalten, dass sich Daniel solche Vorwürfe niemals anhören muss, aber daraufhin kam nur ein Achselzucken, das wohl ausdrücken sollte, das sei eben das Schicksal der Frau.

Damit hätte sich Amely natürlich nie zufriedengegeben. Deshalb hat sie Argumente gesammelt, die untermauern, dass Selbstlosigkeit und Aufopferungsbereitschaft nicht nur den Müttern schadet, sondern auch den Kindern, ihren Partnern und letztendlich der gesamten Gesellschaft. Bist du bereit?

Warum mütterliches People Pleasing eine sehr, sehr schlechte Idee ist

- **Weg mit den Schuldgefühlen:** Mütter, die dem alten Ideal nacheifern und sich für die Familie aufopfern, sind dazu verdammt, mit permanenten Schuldgefühlen zu leben, denn niemand ist perfekt, und Eltern schon gar nicht. Wenn diese Schuldgefühle wenigstens etwas Positives bewirken würden! Aber das Gegenteil ist der Fall: Sie machen unzufrieden, unglücklich, wecken Selbstzweifel und führen zu Stress mit all seinen negativen gesundheitlichen Auswirkungen. Wer hat schon Lust auf Angstzustände, Schlaflosigkeit, Herzrasen oder Depressionen? Na also: Weg mit den nutzlosen Glaubenssätzen!!
- **Selbstsabotage macht unglücklich:** Sich aufzuopfern laugt aus. Die ständige Selbstlosigkeit, gepaart mit mangelnder Selbstfürsorge, kann zu körperlicher und emotionaler Erschöpfung führen. Wer sich das antut, ist schlimmer als der strengste Chef. Über Burnout-Symptome sollte man sich dann also nicht wundern. Es ist wichtig, auch mal an sich selbst zu denken! Wenn kein anderes Argument zieht, dann vielleicht dieses: Mütter, die sich selbst vernachlässigen und am Ende völlig fertig sind, können sich auch nicht um ihre Lieben kümmern.
- **Was ist denn das für ein Vorbild?** Mütter, die sich für ihre Kinder aufopfern, geben ihnen genau dieses Rollenbild mit auf den Weg. Damit sorgen sie dafür, dass der Mythos der selbstlosen Mutter, der im Grunde bereits heute völlig überholt ist, auch in Zukunft noch seine Wirkung tut. Kinder solcher Mütter lernen, dass es normal

ist, die eigenen Bedürfnisse völlig zu unterdrücken und sich selbst für andere komplett aufzugeben. Vor allem Mädchenmütter sollten sich fragen: Wünsche ich mir so ein Leben für meine Tochter? Und Jungsmütter haben eine ebenso große Verantwortung – schließlich können sie dafür sorgen, dass die nächste Vätergeneration noch moderner denkt.

- **Gepamperte Kinder, unselbstständige Erwachsene:** Erziehung bedeutet, Kinder auf das Leben ohne uns Eltern vorzubereiten. Das wird natürlich schwer, wenn wir unserem Nachwuchs sämtliche Steine aus dem Weg räumen und ihre zarten Seelen nicht mal mit einem »Nein« konfrontieren. Breaking News: Man muss seinen Kindern nicht alles recht machen, um geliebt zu werden! Und alle unangenehmen Aufgaben von ihnen fernzuhalten, fördert ihre Lebenstüchtigkeit leider überhaupt nicht. Hey, wenn das kein Top-Grund ist, keine »gute« Mutter zu sein?!
- **Selbstaufopferung als Beziehungskiller:** Auch wenn zwei Menschen vor der Geburt des ersten Kindes eine Partnerschaft auf Augenhöhe geführt haben, so gerät diese automatisch in Schieflage, wenn sich die Mutter auf einmal in eine sich selbst aufopfernde Sklavin verwandelt. Immer am Ende der Kräfte (und Nerven) zu sein, ist auch nicht gerade ideal, um gegenseitigen Respekt und die Romantik zu fördern, Unzufriedenheit ebenso wenig. Da muss ein neues Mindset her, dringend!
- **Wer bin ich und wenn ja, wen soll ich verwöhnen?** Immer nur an andere zu denken, bedeutet im Umkehrschluss, dass man nie an sich selbst denkt. Aber auch Mütter haben ein Recht auf eigene Interessen, Hobbys,

soziale Kontakte, kurz: auf ein Leben. Ohne all das reduziert sich die Identität auf diese eine Rolle: die Mutterschaft. Wo ist das eigene Ich geblieben, das diese Frauen vorher waren? Kleiner Tipp: Sich nicht komplett aufzugeben ist die beste Prophylaxe gegen das Empty-Nest-Syndrom, also gegen das Gefühl der Verlorenheit und Trauer, wenn der Nachwuchs flügge wird und aus dem Haus geht.

- **Auf dem direkten Weg in Richtung Altersarmut:** Mütter, die unermüdlich die komplette Care-Arbeit in der Familie leisten, fehlen nicht nur als Fachkräfte auf dem Arbeitsmarkt, sondern landen eines Tages in der Altersarmut. Vor allem, wenn die Kinderbetreuung nahtlos in die Pflege der Eltern und Schwiegereltern übergeht. Weil sie sich ihr Leben lang für das soziale Gefüge ihrer Familie eingesetzt haben, werden sie am Ende zum Sozialfall. Passt das zu einer modernen Gesellschaft?

Tatsache ist: Nicht wenige moderne, erfolgreiche Frauen glauben von sich, nur dann eine gute Mutter zu sein, wenn sie permanent Elterntaxi, Haushälterin und Krankenschwester spielen.

Aber nichts für ungut: Wenn dir als Dank genügt, dass eines Tages »Ein unermüdliches Mutterherz hat aufgehört zu schlagen« in deiner Todesanzeige stehen soll, ist doch alles wunderbar. Falls nicht, ist es höchste Zeit, umzudenken. So wie Amely.

Selbstlosigkeit ist eine feine Charaktereigenschaft, aber sie sollte fein ausbalanciert sein mit Selbstfürsorge. Das ist die wahre Kunst!

Partnerschaft auf Augenhöhe?

Ganz ehrlich – geht es in deiner Beziehung wirklich fair zu? Wie habt ihr die unangenehmen Aufgaben untereinander aufgeteilt? Hat jeder von euch gleich viel zu sagen? Ganz unabhängig davon, wer mehr verdient? Bei People Pleasern ist das leider nur selten der Fall. Denn der Wunsch, es anderen recht zu machen, betrifft natürlich auch die Partnerschaft.

Das Phänomen der mütterlichen People Pleaserin habe ich ja im letzten Kapitel beleuchtet. Es funktioniert übrigens auch ohne Kinder – das ist dann die Ehefrau, die es dem Gatten behaglich macht und ihm den berühmten Rücken freihält.

Du könntest also auf die Idee kommen, People Pleasing in Beziehungen sei ein überwiegend weibliches Thema, aber mitnichten. Deshalb konzentriere ich mich aus Gründen der Ausgewogenheit in diesem Kapitel mal um männliche People Pleaser in Beziehungen.

Der starke Held auf dem weißen Pferd

Ein Mann, der seine Partnerin auf Händen trägt, ihr die Sterne vom Himmel holt, die Welt zu Füßen legt, jeden Wunsch von den Augen abliest, sie beschützt, verwöhnt und mit ihr auf einem stolzen Schimmel in den Sonnenuntergang reitet – wünscht sich das nicht jede Frau?

Überraschung: Nein, bestimmt nicht jede. Dabei sollte man das doch glauben, wenn man bedenkt, dass diese Szene der Inbegriff eines Happy Ends ist. Gefühlt hören unzählige Liebesfilme genau so auf.

Doch ob eine Partnerschaft auf Dauer glücklich ist, entscheidet sich ohnehin erst im Alltag – und der beginnt nach dieser Alles-wird-gut-Szene. Im Zusammenleben erweist sich der Ritter auf dem weißen Pferd meist nur scheinbar als Traumtyp. Aber eins nach dem anderen.

Der Ritter ist enttarnt: als People Pleaser

Unabhängig davon, dass es garantiert furchtbar langweilig wäre, jeden Abend umtost von kitschiger Geigenmusik in den Sonnenuntergang zu reiten, entpuppt sich ein Partner, der einen permanent retten will, früher oder später als schlechte Wahl. Es kann sogar ein regelrecht toxisches Beziehungsmuster dahinterstecken.

Zugegeben – einen fürsorglichen Partner zu haben, kann wunderbar sein. Du frierst, er bringt dir eine Decke und entfacht ein munter knisterndes Feuer im Ofen. Du fühlst dich nicht wohl, und er versorgt dich mit Tee und kocht dir ein stärkendes Süppchen. Du fühlst dich total verspannt, und er massiert deinen Nacken hingebungsvoll. Was soll daran schlecht sein?

Nun, wenn er aus purer Liebe so handelt, ist alles gut. Und wenn eure Beziehung auf Geben und Nehmen basiert, also nicht einseitig ist, sowieso.

Aber was, wenn es sich um einen Fall von Rittersyndrom handelt? Dann ist Vorsicht geboten! Denn dabei handelt es sich um People Pleasing der besonders manipulativen Art.

Er blüht auf, wenn sie Probleme hat

Wer wirklich liebt, ist selbstverständlich für einen geliebten Menschen da – natürlich auch in Problemsituationen. Denn wer will schon, dass es der Partnerin oder dem Partner schlecht geht?

Nun, bei Menschen mit Rittersyndrom – auch bekannt als Heldensyndrom oder *White Knight Syndrome* – verhält es sich etwas anders: Der Ritter blüht erst dann richtig auf, wenn er jemanden retten kann.

Deshalb sucht er gezielt nach schwachen Partnerinnen, die emotionale Probleme haben – etwa weil sie in der Kindheit vernachlässigt oder missbraucht wurden – beziehungsweise die krank oder einfach nur unselbstständig sind.

Je schlechter es der Partnerin geht, desto besser. Das bietet dem zwanghaften Ritter jede Menge Gelegenheit für gute Taten, die ihn selbst umso besser dastehen lassen.

Es handelt sich also nicht um echte Liebe, Verbundenheit und Fürsorge, sondern um pure Gier nach Anerkennung. Die Tat selbst scheint eine gute zu sein, doch der Antrieb ist es nicht: Statt seiner Partnerin eine Freude machen zu wollen, will sich der Ritter nur selbst gut fühlen.

Selbstlosigkeit? Nein, Manipulation!

Fürsorge in der Partnerschaft ist selbstlos. Man kümmert sich umeinander – aus Liebe.

Menschen mit Rittersyndrom dagegen handeln keineswegs selbstlos. Nicht einmal bedingungslos! Stattdessen weisen sie immer wieder auf ihre Heldentaten hin, um zu manipulieren. Sie reiten sozusagen darauf herum und fordern damit permanent Dankbarkeit, Bewunderung und Ergebenheit ein.

Partnerinnen weißer Ritter fühlen sich oftmals schuldig. Sie fühlen sich von ihrem Partner regelrecht erdrückt, obwohl er doch der perfekte Mister Right zu sein scheint. Tatsächlich sind sie aber unglücklich. Weil sie ständig in seiner Schuld stehen.

Es fällt Betroffenen sehr schwer, sich selbst aus dieser toxischen Beziehung zu befreien. Der entscheidende Schritt besteht darin, zu erkennen, welches Spiel hier gespielt wird.

TEST: Steckst du in einer Ritter-Syndrom-Beziehung?
Je mehr der folgenden Statements dir bekannt vorkommen, desto größer ist die Wahrscheinlichkeit dafür.
Übrigens: Es gibt auch weibliche weiße Ritter, wenn auch seltener. In diesem Fall sind es die Frauen, die versuchen, ihre Männer zu retten – vor einer Sucht, einem psychischen Problem oder gewalttätigen Verhaltensmustern. Ich formuliere die folgenden Aussagen daher genderneutral.

Mein Partner/meine Partnerin tut alles für mich. Manchmal fühle ich mich richtig mies deswegen. Ich sollte dankbarer sein, stattdessen empfinde ich Schuldbewusstsein.
☐ Ja ☐ Nein

Er/sie will gar nicht, dass ich mich revanchiere (dabei ist eine Partnerschaft doch ein Geben und Nehmen).
☐ Ja ☐ Nein

Er/sie weist mich sehr oft auf seine/ihre guten Taten und unglaubliche Unterstützung hin. Auch wenn andere dabei sind. Das beschämt mich.

☐ Ja ☐ Nein

Alle sagen, er/sie sei einfach perfekt für mich. Aber warum bin ich dann nicht rundum glücklich? Seine/ihre hilfsbereiten Gesten hinterlassen bei mir einen schalen Nachgeschmack.

☐ Ja ☐ Nein

Ich fühle mich immer mehr von ihm/ihr abhängig. Ihn/sie scheint das allerdings überhaupt nicht zu stören. Dabei will ich gar nicht ständig gerettet werden.

☐ Ja ☐ Nein

Er/sie kritisiert mich häufig, behauptet aber, mir nur helfen zu wollen, aber das gehe nur, wenn ich mich drauf einlasse. Ich möchte aber selbst entscheiden, wann ich um Hilfe bitte.

☐ Ja ☐ Nein

Manchmal kommt es mir vor, als wären wir gar kein echtes Paar, sondern als wäre ich das Kind und er/sie ein Elternteil.

☐ Ja ☐ Nein

TEST: Neigst du vielleicht selbst zum Rittertum?

Wenn du zu diesem Verhaltensmuster tendierst, muss das nicht so bleiben. Du kannst durchaus an dir arbeiten. People Pleasing lässt sich abstellen, auch diese extreme Form davon – wenn man es denn erkennt und sich ändern will. Je mehr der folgenden Aussagen auf dich zutreffen, desto mehr neigst du zum Ritterdasein.

Ich helfe gern. Deshalb neige ich zu Partnerschaften mit Menschen, die mich brauchen. Das gibt mir ein gutes Gefühl.

☐ Ja ☐ Nein

Ich fühle mich zu meiner derzeitigen Partnerin/meinem derzeitigen Partner hingezogen, weil sie/er große emotionale Probleme hat.

☐ Ja ☐ Nein

Sie/er ist sehr verletzlich, und ich trete als Beschützer auf. Diese Rollenverteilung gefällt mir.

☐ Ja ☐ Nein

Ich mag es nicht, wenn sie/er zu stark und unabhängig wird. Dann komme ich mir überflüssig vor.

☐ Ja ☐ Nein

Wenn sie/er sagt, ohne mich nicht mehr auszukommen, bin ich glücklich. Ich freue mich über jede Gelegenheit, für sie/ihn da zu sein.

☐ Ja ☐ Nein

Natürlich beobachte ich sie/ihn genau. Das hat nichts mit Kontrolle zu tun, ich muss doch wissen, ob sie/er mal wieder in Schwierigkeiten steckt, um optimal unterstützen zu können.

☐ Ja ☐ Nein

Wenn es ihr/ihm zu gut geht, fürchte ich, dass ich überflüssig bin und unsere Beziehung in die Brüche geht.

☐ Ja ☐ Nein

Das Rittersyndrom ist eine Variante des Helfersyndroms. Partnerschaften, in denen eine oder einer den Ritter spielt, sind nicht ausgewogen oder gesund, auf Dauer machen sie auch nicht glücklich, ganz im Gegenteil.

Häufig liegen dem Rittersyndrom Probleme oder Erfahrungen zugrunde, die es aufzuarbeiten gilt – beispielsweise eine schwierige Kindheit, die von Vernachlässigung, Verlustängsten oder traumatischen Erlebnissen geprägt ist.

Wenn du mit einem weißen Ritter zusammen bist, solltest du dir unbedingt professionelle Hilfe holen – falls du selbst ein weißer Ritter bist, ebenso.

Gemeinsam mit einem Psychologen oder einer Psychologin kann das Rittersyndrom überwunden und ein gesünderes Beziehungsmuster entwickelt werden.

Viel Amt, wenig Ehre: Glückwunsch zur Wahl!

Emil ist ein unauffälliger Typ. Er drängt sich nirgendwo vor, steht ungern im Mittelpunkt, kleidet sich in gedeckten Farben und spricht immer leise. Vor allem aber: Emil hat einen Sprachfehler. Er kann nicht Nein sagen. Denn er ist ein People Pleaser, und das schon sein Leben lang.

Endlich dazugehören

Während die meisten Gleichaltrigen Fußball oder Handball spielten, interessierte sich Emil als Heranwachsender mehr für Tennis. Er meldete sich im örtlichen Club an, nahm Trainerstunden und wurde bald zu einem einigermaßen soliden Freizeitspieler. Übermäßiges Talent legte er zwar nicht an den Tag, aber er hatte ein gutes Auge, war schnell und wendig und erwies sich vor allem am Netz als starker Doppelpartner.

Dennoch hatte Emil immer das Gefühl, ein Außenstehender zu sein – jedenfalls was das Vereinsleben jenseits des Platzes betraf. Alle anderen schienen geschäftlich, freundschaftlich oder familiär miteinander verbandelt zu sein. Auf Vereinsfesten oder an der Theke in der Clubgaststätte verhielt er sich daher noch zurückhaltender als sonst.

Umso verblüffter war der damals gerade mal Neunzehnjährige, als man ihn auf der nächsten Mitgliederversammlung für das neu zu besetzende Amt des Schatzmeistes vorschlug. Schatzmeister! Das war immerhin so etwas wie der Finanzminister des Clubs. Eine Ehre, dass man ihm diesen verantwortungsvollen Posten zutraute.

Eigentlich hatte Emil zu diesem Zeitpunkt mehr als genug mit dem Lernen für seine Prüfungen zu tun, der Sport sollte ein Ausgleich sein, der ihn mal vom Schreibtisch wegholte, aber er brachte es nicht übers Herz, das Amt abzulehnen. Zu gern wollte er endlich so richtig dazugehören! Und wenn das bedeutete, dass er die Mitgliederlisten führte, die Beiträge einzog, die Konten verwaltete, die Rechnungen bezahlte und am Ende des Jahres die Bilanz präsentierte, dann war das ein fairer Preis dafür.

Dass sich die Schriftführerin eine fiese Muskelreizung im Arm zuzog und in den folgenden Wochen kein Protokoll führen konnte, gab ihm die Gelegenheit, sich im Vorstand noch unentbehrlicher zu machen. Und das war erst der Anfang von Emils Karriere als Ehrenamtler.

Jemand muss ja

Trotz dieser Erfahrung im Verein war Emil nicht darauf vorbereitet, was ihm zehn Jahre später am ersten Elternabend – seine Tochter Kyra war gerade eingeschult worden – blühte. Von dem ungeschriebenen Gesetz, beim Stichwort »Elternsprecherwahl« unbeteiligt auf den Boden zu schauen, schienen alle zu wissen außer ihm.

Und so kam, was kommen musste: Sein Name wurde genannt, alle waren einstimmig dafür, und ehe er sich's versah, hatte Emil auch dieses Amt inne.

Es fiel ihm nicht leicht, dieser Aufgabe gerecht zu werden, denn wer einmal eine Elternversammlung geleitet hat, ahnt, dass es leichter ist, zwanzig Erstklässler zu bändigen als deren Väter und Mütter. Aber einer musste es ja machen. Und offenbar trauten es ihm die anderen ja zu, so dachte er, also würde er das schon hinbekommen.

Diese Aufgabe kostete ihn viel Zeit und noch mehr Nerven. Vor allem das Treffen, bei dem Ronjas Mutter dem Vater von Fabian vorwarf, dessen Filius hätte ihrem liebreizenden Töchterlein Läuse verpasst, was in eine Schreierei mündete, wird er wohl nie vergessen. Konflikte sind ihm ein Gräuel.

Und genau deshalb wagte er nicht, sein Amt niederzulegen.

Was das erst für eine Diskussion nach sich gezogen hätte! Nein, da plante er lieber weiterhin Grillfeste, Elternversammlungen, Ausflüge und Flohmärkte. Wobei er Letztere sicherheitshalber in »Secondhandbörse« umtaufte – das Läusetrauma saß tief.

Ruckzuck hat man's an der Backe

Alles fing damit an, dass Emil bei der Gemeindeverwaltung anrief, um sich über das brachliegende Grundstück gleich neben dem Kinderspielplatz zu beschweren. Dort lag alles voller Pizzaverpackungen, leerer Flaschen und Getränkedosen, Kippen und Kondome. Es war eine Schande!

»Das trifft sich gut«, teilte ihm die nette Sachbearbeiterin am Bürgertelefon mit, »denn nächste Woche findet eine öffentliche Gemeinderatssitzung statt, in der es um genau dieses Problem geht.«

Wenn du jetzt glaubst, das Ganze hätte damit geendet, dass Emil Bürgermeister wurde, liegst du daneben – allerdings nicht sehr weit. Denn als auf der besagten Sitzung der Vorschlag gemacht wurde, die Fläche in einen Gemeinschaftsgarten umzuwandeln, war er hellauf begeistert.

Nun kann man zwar auch von etwas hellauf begeistert sein, ohne sich deswegen gleich einen Berg an zusätzlicher Arbeit aufzubürden, aber Emil tickt da wohl anders. Er ist einfach nicht gut darin, Grenzen zu setzen – weder anderen noch sich selbst gegenüber. Langer Rede kurzer Sinn: Um die Idee mit dem Gemeinschaftsgarten umzusetzen, wurde ein Verein gegründet, und dreimal darfst du raten, wer erster Vorsitzender wurde. Wobei – einmal raten reicht eigentlich.

Das schlechte Gewissen lässt grüßen

Als Kyra in das Alter kam, in dem alle anderen aus ihrer Religionsklasse zur Erstkommunion gingen, wollten Emil und seine Frau ihr dieses Fest nicht vorenthalten. Sie selbst waren zwar überhaupt nicht gläubig, aber immerhin hatten sie kirchlich geheiratet und Kyra war getauft, und warum auch nicht? Die Kleine freute sich doch so darauf.

Als Emil zum Informationsabend für Eltern ging, ahnte er nicht, dass er mit einer Aufgabe zurück nach Hause kehren würde, die so wenig zu ihm passte wie ein Job als Marktschreier oder als Mediator: Er sollte eine Kommunionsvorbereitungsgruppe leiten. Sprich, seiner Tochter und einer Handvoll anderen Achtjährigen die Bedeutung der Eucharistie, der Sakramente und des Sündenbekenntnisses vermitteln, sie mit Bibelgeschichten vertraut machen und was sonst noch alles auf dem Lehrplan dieses Programmes stand.

Emil konnte gerade mal mit Mühe das Glaubensbekenntnis und das Vaterunser fehlerfrei aufsagen, und nun so was! Das erforderte echte Arbeit – und schauspielerische Fähigkeiten, schließlich durften ihn die lieben Kleinen nicht durchschauen.

Warum er nicht abgelehnt hatte? Nun, es war sonst niemand da, der die Gruppe hätte übernehmen können. Und so tat er es für Kyra. Und aus Pflichtgefühl. Denn eigentlich fand er es ethisch grenzwertig, die Institution Kirche nur für Festivitäten in Anspruch zu nehmen, sich aber kein bisschen dafür zu engagieren. Auf regelmäßige Gottesdienstbesuche hatte er keine Lust, am Sonntagmorgen schlief er lieber aus. Also war dieses Ehrenamt die einzige Möglichkeit, mit der er sein schlechtes Gewissen beruhigen konnte.

Der Kreis schließt sich

Zeit für Entspannung und Ausgleich findet sich auf Emils Prioritätenliste zwar weit unten (typisch People Pleaser eben), aber dem Tennisverein ist er seit vielen Jahren treu geblieben, und das nicht nur als Schatzmeister, sondern auch als aktiver Spieler.

Als Kyra mit zehn den Wunsch äußerte, diesen Sport ebenfalls auszuüben, freute er sich sehr darüber. Die Kleine trat in seine Fußstapfen, wie schön!

Leider gab es im Club keine Jugendtrainer, was ohnehin sehr schlecht war, denn ohne Jugendtraining kein Nachwuchs und ohne Nachwuchs keine Zukunft für den Verein. Das konnte er unmöglich zulassen!

Also machte Emil einen Kurs, um die Trainerlizenz zu erwerben, erneuerte zudem sein Erste-Hilfe-Zertifikat und machte sich mit den ethischen Standards des Tennisverbandes zum Thema Kinderschutzrichtlinien und Umgang mit Jugendlichen vertraut. Und schwuppdiwupp hatte er ein weiteres Ehrenamt inne.

Gute Gründe, schlechte Gründe

Übrigens ist Emil zwar kein Elternsprecher mehr, weil Kyra inzwischen studiert, dafür ist er nun aber im Betriebsrat und zudem Schöffe.

»Ich kann nichts dafür, irgendwie stolpere ich von Amt zu Amt«, sagt er. »Manchmal wünsche ich mir mehr Freizeit, aber dann wieder erfüllen mich diese Aktivitäten.«

Es scheint also auch gute Gründe dafür zu geben, Ehrenämter zu übernehmen – aber es gibt eben auch weniger gute, insbesondere bei People Pleasern.

- **Warum sich überhaupt engagieren?** Ein guter Grund, ehrenamtlich tätig zu werden, ist zum Beispiel, dass man die Gesellschaft mitgestalten will oder Einfluss nehmen möchte. Oder dass man eine Möglichkeit sucht, das eigene Können sinnvoll einzubringen. Freiwilligenarbeit ist darüber hinaus ein guter Weg, sich in eine Gemeinschaft zu integrieren oder neue Fähigkeiten zu entwickeln und damit den eigenen Horizont zu erweitern.
  Der Wunsch, als selbstlos und sozial gefeiert zu werden, ist dagegen keine so tolle Motivation.
- **Hoffst du auf Anerkennung?** Wie schon gesagt: Viel Amt, wenig Ehre. People Pleaser tun sich keinen Gefallen mit Ämterhäufung, denn die anfängliche Bestätigung lässt schneller nach, als ihnen lieb ist. Klar, direkt nach der Wahl ist die Wertschätzung groß – vor allem wenn sonst niemand scharf auf den Posten war. Aber dann setzt der Gewöhnungseffekt ein. Ziemlich gemein: Für ein Amt, das man jahrzehntelang bekleidet, erntet man weniger Applaus als für eins, das man erst neu übernimmt.
  Nein, auf langfristige Anerkennung zu hoffen – typisch für People Pleaser –, ist zwecklos und führt nur zu Frust und Enttäuschung.
- **Machst du es wirklich freiwillig?** Wenn du nicht wirklich Lust auf die zusätzliche Aufgabe hast, solltest du dich nicht dazu drängen lassen. Schließlich ist das Ganze freiwillig, niemand kann dich zwingen. Also tue du es selbst auch nicht! Vor allem, wenn du eigentlich

gar keine Zeit dafür hast und dich das Ehrenamt davon abhalten würde, beruflich voranzukommen oder – noch wichtiger – zu entspannen. Dann ist das Ganze eher eine ziemlich schlechte Idee. Oder bist du etwa scharf auf Stress und Überlastung? Schlaf- und Zeitmangel? Beziehungsprobleme und allgemeine Unzufriedenheit? Siehst du.

Emil jedenfalls ist inzwischen so weit, dass er nach einer Selbsthilfegruppe für Menschen, die nicht Nein sagen können, sucht. Ich fürchte allerdings, dass er – sollte er nicht bald eine finden – selbst eine gründet. Und leitet ...

Ein bisschen Statistik gefällig?

Laut statista.de haben sich 2023 in Deutschland über 16 Millionen Menschen über vierzehn Jahren ehrenamtlich engagiert – die meisten davon in Sportvereinen, kirchlichen Einrichtungen und Hilfsorganisationen.

Besonders hoch war die Bereitschaft dazu in Rheinland-Pfalz – meinem Heimat-Bundesland. Okay, ich bin Vorsitzende einer Autorenvereinigung, zweite Vorsitzende im Chor und war jahrelang Schulelternsprecherin. Aber nur weil ich es selber wollte.

Wirklich!

Ehrlich wahr.

Da kannst du jeden fragen.

Man musste mich fast so gut wie gar nicht dazu überreden ...

Schluss mit vorauseilendem Gehorsam

People Pleaser stehen nachts um zwei auf, um entfernt Bekannte zum Flughafen zu fahren. Sie schieben wochenlang Überstunden, und das unbezahlt. Sie versorgen die komplette Nachbarschaft mit selbstgebackenen Weihnachtsplätzchen, natürlich ohne Gegenleistung. Kurze Zwischenfrage: Wer ist denn so unverschämt, so was zu verlangen?

Tja, in den meisten Fällen: niemand außer ihnen selbst. People Pleaser warten nämlich gar nicht so lange, bis man sie um einen Gefallen bittet. Stattdessen lesen sie ihn von den Augen ihrer Mitmenschen ab und erfüllen ihn von sich aus. (Auf die Gefahr hin, sich dabei hin und wieder auch zu verlesen ... Mehr dazu im Kapitel »People Pleaser unter sich«.)

Ist doch nichts Verwerfliches, findest du? Allein schon der Versuch, anderen etwas Gutes zu tun, sollte honoriert werden? Tja, wird er aber nicht. Jedenfalls nicht immer. Ich habe hier ein paar besonders krasse Beispiele von »Undank ist der Welten Lohn« zusammengetragen, die dich vielleicht überzeugen, die Sache mit dem vorauseilenden Gehorsam in Zukunft lieber bleiben zu lassen.

Ein Fall, der an die Nieren geht

Vor einigen Jahren ging die Geschichte der Amerikanerin Debbie S. durch die Presse. Sie hatte ihrer Chefin eine Niere gespendet, um deren Leben zu retten – woraufhin ihr eigenes aus den Fugen geriet.

Wobei – ein bisschen komplizierter war es schon. Eigentlich bekam nämlich eine Wildfremde Debbies Niere, weil sie für ihre Chefin keine passende Spenderin war, aber die rutschte daraufhin auf der Transplantationsliste nach oben.

Krass, oder? Ich meine – wem würdest du wohl ein Organ spenden? Doch nur einem über alles geliebten Menschen, oder? Einem Familienmitglied oder einer sehr guten Freundin beziehungsweise einem echten Freund. Ich jedenfalls käme nie auf die Idee, so selbstlos zu handeln wie Debbie S.

Nun sollte man doch erwarten, dass deren Chefin so dankbar war, dass sie Debbie zumindest beförderte. Aber es kam anders.

Während die Chefin nach der Operation zu Hause blieb, um sich zu schonen, sollte Debbie trotz Schmerzen arbeiten gehen. Als sie sich krankschreiben ließ, wurde ihr gekündigt.

Und zack, war sie nicht nur ihren Job (und ihre Niere) los, sondern auch ihre Krankenversicherung.

Für Debbie ein mehr als böses Erwachen. Sie fühlte sich betrogen und wollte ihre Niere zurückhaben, aber dafür war es zu spät.

Ganz ehrlich: Wenn auch nur die Hälfte dieser Story der Wahrheit entspricht, ist das ein echt dicker Hund!

Dein Geld ist mein Geld

Beim Geld hört die Freundschaft auf, heißt es gemeinhin. Aber die Liebe nicht. Viele Paare haben sogar gemeinsame Bankkonten. Und wer mehr verdient, trägt meist auch mehr zum gemeinsamen Unterhalt bei.

Das war auch bei Katja und Mike so. Während Katja bereits als Pharmareferentin arbeitete und gut verdiente, ließ sich Mike mit seinem Medizinstudium viel Zeit. Er genoss das Studentenleben, ging gerne auf Partys und schlief lange – jedenfalls wenn Katja beruflich verreist war. Sie bekam nur mit, dass er fleißig lernte, was er tatsächlich tat, wenn sie frei hatte.

Obwohl die beiden nicht verheiratet waren, betrachtete es Katja als selbstverständlich, dass sie beide von ihrem Einkommen lebten. Eines Tages würde das vielleicht umgekehrt sein, wenn er als Arzt durchstartete und sie für ein paar Jahre bei den Kindern zu Hause blieb.

Tatsächlich kam es ganz anders. Denn kaum hatte Mike seinen Abschluss in der Tasche, da trennte er sich von Katja und zog mit Pauline zusammen, einer Krankenschwester, mit der er schon seit Längerem insgeheim ein Verhältnis gehabt hatte.

Für Katja brach eine Welt zusammen. Wie hatte sie sich nur so ausnutzen lassen können? Hatte Mike sie denn gar nicht geliebt? Sie würde es nie erfahren. Aber so etwas würde ihr definitiv nie wieder passieren – dazu hatte sie einfach zu viel Lehrgeld bezahlt. Über die Jahre gerechnet war nämlich ein fast sechsstelliger Betrag zusammengekommen, den sie dem untreuen Mike einfach so geschenkt hatte.

Kooperieren statt Konkurrieren?

Hassan und Philipp arbeiteten in derselben Abteilung eines großen Softwareunternehmens. Die beiden Informatiker hatten jeweils einen Abschluss mit Auszeichnung gemacht und waren gleich lang im Betrieb.

Als ihr Vorgesetzter durchblicken ließ, dass eine Beförderung im Raum stand und er denjenigen von ihnen dafür auswählen würde, der im neuesten Produkt, das bald auf den Markt kommen sollte, die meisten Programmierfehler ausmerzte, war Philipp sofort bereit, sich auf die Wettbewerbssituation einzulassen.

Doch dann schlug Hassan etwas anderes vor: »Wenn wir kooperieren, arbeiten wir effektiver, sind schneller fertig und bringen damit dem Unternehmen den größeren Vorteil. Bestimmt werden wir dann beide befördert.«

Gesagt, getan. Sie arbeiteten hart an diesem Projekt und schafften es in der Hälfte der dafür vorgegebenen Zeit – wie Hassan es vorausgesagt hatte.

Was er jedoch nicht geahnt hatte, war, dass Philipp dem Vorgesetzten gegenüber behauptete, er hätte das Ganze so gut wie alleine hinbekommen. Dieser glaubte ihm und hielt Hassans Einwand, sie hätten kooperiert, für eine Lüge.

Es kam, wie es kommen musste: Philipp wurde befördert, Hassan dagegen hatte einen schlechten Ruf weg. Ihm blieb nichts anderes übrig, als sich einen neuen Job zu suchen.

Dass das Unternehmen, bei dem er schließlich unterkam, später die Firma seines früheren Arbeitgebers aufkaufte und er damit zu Philipps Vorgesetztem wurde, war eine späte Genugtuung. Er ließ seinen Groll jedoch nicht an Philipp aus – das wäre unfair gewesen, und so tickte Hassan nun mal nicht.

Dinner for Twentyone

Carla schaffte es immer wieder, selbst den unfreundlichsten Menschen ein Lächeln abzuringen. Sie war die gute Seele des Hauses, in dem insgesamt acht Parteien lebten. Mit allen verstand sich Clara gut – sogar mit Helga, der alten Dame aus dem ersten Stock, die immer so mürrisch dreinblickte, sich über spielende Kinder aufregte und das schwule Paar von gegenüber aus Prinzip nicht grüßte.

Clara war sicher, dass Helga – wie alle Menschen – einen guten Kern haben musste. Vermutlich hatte sie ein schweres Leben gehabt. »Wer wenig Güte erfahren hat, kann selbst auch keine ausstrahlen«, fand sie.

Und so beschloss Carla, besonders nett zu Helga zu sein. Sie brachte ihr hin und wieder einen Strauß Blumen oder Schokolade vorbei, nahm sich bei jeder Gelegenheit Zeit für einen kleinen Plausch und erledigte Besorgungen für sie.

Mit der Zeit entwickelte sich so etwas wie eine Freundschaft zwischen den beiden Frauen, und das, obwohl Helga fast doppelt so alt war wie Carla.

Eines Tages wirkte Helga sehr bedrückt. Auf die Frage, was mit ihr los sei, erzählte sie von ihrem Problem: »In ein paar Wochen werde ich neunzig. Ich hatte immer vor, diesen Tag groß zu feiern, aber nun fühle ich mich der Sache nicht gewachsen.«

Natürlich hätte Carla ihr vorschlagen können, ein Catering zu buchen, aber das tat sie nicht. Stattdessen bot sie sofort an, das Fest auszurichten. Dankbar nahm Helga an, und so machte sich Carla ans Werk. Sie buchte in Helgas Namen eine Location, denn in deren Wohnzimmer hätten die rund zwanzig Gäste sicher nicht hineingepasst, konzipierte ein Menü, kaufte alles dafür ein und ließ die Getränke liefern.

Am Abend vor dem Fest schmückte sie den Raum, deckte die Tafel ein und stand dann noch bis weit nach Mitternacht am Herd, um alles vorzubereiten.

Dann war es so weit. Die Gäste – größtenteils entfernte Verwandte und Helgas ehemalige Kolleginnen – trafen ein. Carla begrüßte sie, versorgte sie mit Getränken und servierte dann den ersten Gang.

Erst nachdem auch der letzte Gast einen Teller köstlich duftender Markklößchensuppe vor sich stehen hatte, fiel ihr auf, dass gar kein Platz mehr für sie frei war.

Da sagte Helga, der Carlas suchender Blick wohl aufgefallen war: »Willst du nicht auch was essen? Nimm dir einfach einen Teller und setz dich damit in die Küche.«

Erst da wurde Carla klar, dass sie gar nicht zu den Gästen gehörte, sondern einfach nur als kostenloses Personal galt.

Am liebsten hätte sie den Kochlöffel sofort in die Ecke gefeuert und sich aus dem Staub gemacht, aber das brachte sie dann doch nicht übers Herz. Sie führte zu Ende, was sie angefangen hatte, doch das war der letzte Gefallen, den sie Helga jemals tat. Vielleicht steckte ja doch nicht in jedem Menschen ein guter Kern. Aber in den meisten, davon war sie nach wie vor überzeugt.

Hilfsbereitschaft ja, aber richtig!

Eigentlich sind Debbie, Katja, Hassan und Carla ja selbst schuld daran, dass sie ausgenutzt wurden. Niemand hat sie dazu aufgefordert, das zu tun, was sie getan haben. Sie sind wohl einfach ... zu gut für diese Welt.

Doch was für Schlüsse ziehen wir nun daraus? Sollen wir aufhören, hilfsbereit zu sein?

Natürlich nicht. Aber wir sollten aufpassen, dass die Grenze zwischen Hilfsbereitschaft und Helfersyndrom nicht überschritten wird. Und das geht so:

1. **Abwarten:** Am liebsten würdest du von dir aus deine Unterstützung anbieten. Tu das nicht, sondern bleib geduldig, bis du darum gebeten wirst.
2. **Machbarkeitscheck:** Überlege, ob die Bitte angemessen ist. Kannst du sie wirklich erfüllen? Oder überfordert sie dich vielleicht?
3. **Termincheck:** Hast du Zeit dafür? Oder müsstest du allerhand Termine verlegen, um es möglich zu machen?
4. **Bauchgefühl:** Sei ehrlich! Möchtest du diese Bitte überhaupt erfüllen? Vergiss nicht: Du musst das nicht tun!
5. **Entscheidung:** Du hast reiflich überlegt? Okay, dann kannst du jetzt entscheiden, ob du Ja oder Nein sagst.

Angenommen, du hast deine Unterstützung zugesagt. Es war also dein eigener Entschluss. Bist du also selber schuld, wenn du dir hinterher doch ausgenutzt vorkommst? Warum passiert dir das bloß immer wieder?

Hey, die gute Nachricht lautet: Das muss es nicht. Jedenfalls, wenn du auch diese Tipps befolgst:

1. **Klären:** Welche Erwartungen hat der Mensch, dem du hilfst? Stelle sicher, dass ihr beide dasselbe darunter versteht.

2. **Begrenzen:** Dein Hilfsangebot sollte genau definiert sein. Also klar umrissen und am besten nicht langfristig angelegt.
3. **Kommunizieren:** Damit es nicht doch zu Missverständnissen oder Enttäuschungen kommt, sage klar, was du leisten kannst und was nicht.
4. **Notfalls abbrechen:** Wenn auf einmal mehr von dir verlangt wird, als ursprünglich vereinbart war, musst du dich nicht an deine Zusage halten.
5. **Dir selbst vertrauen:** Du fühlst dich unwohl? Dein Unbehagen kommt nicht von ungefähr. Hör auf deinen Instinkt und zieh dich zurück.

Übrigens: Warum bittest du nicht auch mal um Gegenleistungen? Im besten Fall ist dein Gegenüber froh, sich mal bei dir revanchieren zu können. Und im schlechtesten lernst du diesen Menschen nun so richtig kennen. Beides ist wichtig für deine künftigen Entscheidungen!

Du bist ein Engel! Wenn Pleasing Hochsaison hat

Giulia liebt Feste! Wenn möglichst viele Menschen, die ihr etwas bedeuten, zusammenkommen, gemeinsam essen, trinken und fröhlich sind, blüht sie richtig auf. Ob Familientreffen, Hochzeiten oder Geburtstage, Giulias Augen leuchten, wenn sie nur daran denkt. Nie ist ihr die Arbeit dafür zu viel.

Ob putzen, Betten richten, Tisch decken, einkaufen oder kochen, sie erledigt alles mit einem Strahlen im Gesicht, denn die Mühe wird belohnt.

Giulias allerliebstes Fest ist Weihnachten. Normalerweise jedenfalls. Doch in diesem Jahr ist alles anders. Giulias Mann hat sich von ihr getrennt, woraufhin sie aus dem gemeinsamen Haus aus- und in eine kleine Dreizimmerwohnung eingezogen ist. Die gemeinsame Tochter studiert in einer anderen Stadt und muss an den Feiertagen in ihrem Nebenjob als Kellnerin arbeiten.

Deshalb hat Giulia beschlossen, Weihnachten einfach ausfallen zu lassen. Sie wird keinen Baum aufstellen (wo auch?), wird sich von Tiefkühlpizza ernähren und sämtliche Staffeln von Grey's Anatomy anschauen. Sie wird traurig sein, ein paar Tränen vergießen und viel schlafen.

Wie viele Neins schafft eine People Pleaserin?

»Willst du nicht zu uns kommen, dann wärst du etwas abgelenkt«, schlägt Giulias beste Freundin Tina vor.
»Ich will mich gar nicht ablenken lassen«, erwidert Giulia. »Man muss doch nicht permanent gut drauf sein. Vor allem, wenn einem nicht danach zumute ist.«
Da kann Tina nicht widersprechen. Sie wundert sich nur, denn so etwas ist sie von Giulia nicht gewohnt. Auch dass sie eine Einladung ausschlägt – normalerweise hätte

Giulia zugesagt, auch wenn sie keine Lust hat, nur um niemanden zu enttäuschen.
Ja, auch Giulia hat eindeutige People-Pleasing-Neigungen, doch diesmal hat sie es immerhin geschafft, einmal Nein zu sagen.
Giulias Familie dagegen akzeptiert dieses Nein nicht so leicht wie ihre Freundin – um nicht zu sagen: gar nicht.
»Dann kommst du eben zu uns nach Sizilien«, sagt ihre Mutter, nachdem Giulia ihr die Sachlage erklärt hat.
»Lieber im Sommer«, weicht sie aus. »Ich brauche momentan einfach ein bisschen Ruhe.«
»Besuche wenigstens Giovanni«, lautet der Kompromissvorschlag ihres Vaters. Die Neins sind Giulia inzwischen ausgegangen, und so ringt sie sich ein zustimmendes »Na gut« ab. Dann schaut sie eben an Heiligabend kurz bei ihrem Bruder und seiner Familie vorbei. Auch wenn sie dessen Frau Luise nicht besonders mag. Dafür liebt sie ihre beiden Neffen, die Zwillinge Leon und Luca, umso mehr. Den beiden Rackern wird sie jeweils einen Schlitten schenken und hoffen, dass es bald schneit.

Kein Nein ohne Aber

Drei Wochen vor Weihnachten ruft Giovanni sie an. »Ich glaube, die Eltern leiden sehr darunter, dass sie uns beide an den Feiertagen nicht sehen.«

Giulia verkneift sich einen Hinweis darauf, dass ihn ja niemand davon abhält, hinzufliegen und die Jungs mitzunehmen. Luise ist diejenige, die als Krankenschwester in diesem Jahr keinen Urlaub nehmen kann, und deshalb bleiben alle in Deutschland.

»Sie haben ja noch Pietro, Aurora, Raffaele und Carlotta«, zählt sie die Namen ihrer weiteren Brüder und Schwägerinnen auf. »Und dazu sieben Enkelkinder. Sie werden gar keine Zeit dazu haben, irgendwen zu vermissen.«

»Pietro und Aurora feiern in diesem Jahr bei Auroras Eltern in der Schweiz«, widerspricht Giovanni, »und Raffaele will mit seiner Familie in den Winterurlaub nach Cortina d'Ampezzo fahren. Sie werden ganz schön einsam sein.«

Darauf fällt Giulia keine überzeugende Antwort ein. »Vielleicht sind sie ja mal ganz froh, ihre Ruhe zu haben«, sagt sie lahm.

»Niemals! Du kennst sie doch.«

»Und was nun?«

»Ich überleg mir was«, verspricht Giovanni.

Schöne Bescherung!

Für den darauffolgenden Sonntag – es ist der zweite Advent – schickt Giovanni der ganzen Familie einen Zoom-Link. Wenn sie schon nicht gemeinsam an einem Kaffeetisch sitzen können, dann doch wenigstens gemeinsam frühstücken. Es ist wirklich nett, all die vertrauten Gesichter auf dem Monitor zu sehen. Giulia ist ihrem Bruder sehr dankbar für diese Idee – bis er sie mit den Worten: »Mama, Papa, Überraschung – ich hab Flugtickets für euch gebucht« völlig aus dem Konzept bringt.

Der Jubel ist groß, alle sind begeistert – bis auf Giulia. Die sich ihr Entsetzen natürlich nicht anmerken lässt. Die ruhige gechillte Auszeit kann sie jetzt wohl vergessen. So sehr sie sich auch darauf freut, ihre Eltern bald wiederzusehen, ihr steht der Sinn einfach nicht nach Friede, Freude, Panettone.

»Ich habe allerdings wenig Platz«, wendet sie ein.

»Kein Problem, die Feier findet bei uns statt«, beruhigt Giovanni sie, »wir haben auch genug Betten und einen großen Tisch.«

»Das wird wunderbar«, ruft ihre Mutter begeistert, und da bleibt Giulia nichts anderes übrig, als wenigstens so zu tun, als wäre sie genauso erfreut.

Als der Videocall vorbei ist, ruft sie sofort bei Giovanni an.

»Hättest du mich nicht wenigstens vorwarnen können? Immerhin bedeutet das für mich jede Menge Arbeit, da wäre es nett gewesen, du fragst mich vorher.«

»Arbeit? Keine Sorge, in diesem Jahr musst du dich um nichts kümmern. Ich besorge auch ein gemeinsames Geschenk für die Eltern.«

Engel wider Willen

Am Tag vor Heiligabend kommt doch ein wenig Weihnachtsstimmung bei Giulia auf, und inzwischen findet sie es wirklich besser, die Feiertage nicht allein zu verbringen und Trübsal zu blasen. Am Nachmittag landen die Eltern, und sie freut sich sehr darauf, später bei Giovanni vorbeizuschauen und sie zu begrüßen.

Sie sitzt gerade mit einem Cappuccino am Frühstückstisch, als das Telefon klingelt. Es ist Giovanni. »Mein Auto springt nicht an, kannst du nachher zum Flughafen fahren?«

»Ich kann dir meinen Wagen auch gern leihen«, erwidert Giulia.

»Na ja, Luca fiebert ein bisschen, und außerdem muss ich noch die Betten beziehen.«

Aha. Giovanni liegt also mal wieder hinter seinem Zeitplan, und jetzt muss sie einspringen.

»Hast du wenigstens schon eingekauft?«

»Ähm, also was das betrifft ...«

Es stellt sich heraus, dass sich Giovanni noch nicht mal ein Menü überlegt hat, viel weniger Rezepte rausgesucht, eine Zutatenliste erstellt und einen Einkaufszettel geschrieben.

»Aber wie willst du das denn jetzt noch schaffen?« Sie hat es kaum ausgesprochen, da weiß sie auch schon die Antwort.

»Ich dachte, du könntest vielleicht ...«

Giulia seufzt. »Na gut. Du bringst das Haus in Ordnung, während ich einkaufen gehe. Wenn du dann mit meinem Auto zum Flughafen fährst, koche ich das Abendessen für heute und bereite alles für die folgenden Tage vor.«
»Du bist ein Engel!«, säuselt Giovanni, und sein Ton verrät ihr, dass damit noch nicht alle Probleme gelöst sind.
»Los, spuck's aus«, fordert sie ihn auf. »Da ist doch noch was.«
»Eigentlich sind da noch zwei Dinge. Das eine ist die Sache mit dem Geschenk. Na ja, ich wollte ja was besorgen, aber ich hatte so viel um die Ohren und bin einfach noch nicht dazu gekommen ...«
Auch das noch! »Okay, wenn ich eh in der Stadt bin, besorge ich was Schönes für die beiden«, verspricht sie. Vielleicht eine Krawattennadel für den Vater und ein Paar hübsche Ohrringe für die Mutter? Es muss ja in den Koffer passen. »Und die zweite Sache?«
»Na ja, ich glaube, Luise wäre es nicht so recht, wenn du in ihrer Küche rumwerkelst. Es wäre schon besser, du kochst bei dir. Aber wenn wir dann bei uns essen, wird es womöglich während des Transports kalt.«
»Das ist nicht dein Ernst! Du willst, dass wir zu siebt in meiner kleinen Wohnung feiern?«
»Ach, das geht schon. Ist doch umso gemütlicher.«

Tja, Giulias Plan, einfach mal nur an sich zu denken, ist gründlich schiefgegangen. Dabei war sie so entschlossen, die Feiertage diesmal ausfallen zu lassen. Oder die Arbeit wenigstens einmal anderen zu überlassen. Das war wohl nix.

Eigentlich keine Überraschung, denn die Jahreszeit, in der People Pleaser wie Giulia zur Höchstform auflaufen, ist nun mal vor Weihnachten: Wer muss für alle Geschenke besorgen, schön verpacken, rechtzeitig verschicken? Wer plant die Bürofeier, die Tombola im Verein, das Familientreffen? Wer schmückt das Haus, bastelt für alle einen Adventskalender, backt Plätzchen, steht an den Feiertagen am Herd? Und ist dann auch noch schuld daran, wenn die Bahn Verspätung hat, die Kinder sich streiten und der Baum Feuer fängt ...

Zurück zu Giulia. Wie hätte sie vermeiden können, dass sie am Ende doch wieder für alles zuständig ist? Und wie kann sie verhindern, dass ihr das im nächsten Jahr wieder so geht?

Hier ein paar Tipps, die auch du gerne ausprobieren kannst.

Weihnachtliche Anti-Pleasing-Tipps

- **Aufgaben delegieren:** Mit einem so unzuverlässigen Bruder wie Giovanni ist das zwar schwierig und erfordert regelmäßiges Nachhaken, ob auch wirklich alles erledigt ist, was auf der To-do-Liste stand, aber das ist immer noch weniger mühsam als alles allein abzuarbeiten. Übrigens kann es auch sehr lustig sein, wenn die ganze Familie gemeinsam kocht und hinterher spült. Wenn alle was zu tun haben, wird's auch niemandem langweilig.
- **Ansprüche runterfahren:** Ein einfacheres Essen tut es auch. Würstchen mit Kartoffelsalat. Eine Gemüsesuppe. Oder Burger. Und die Dekoration kann ruhig auch dezenter sein – niemand zwingt dich, das Haus mit so vielen

Lämpchen zu schmücken, dass man es aus dem Weltall sehen kann. Tja, und den gründlichen Hausputz verschiebst du auf nach den Feiertagen – wenn die Gäste wieder weg sind.

- **Das Menü sabotieren:** Wenn die Suppe versalzen, der Braten angebrannt und das Dessert missraten ist, will so bald sicher niemand mehr bei dir essen. Obwohl es natürlich schade um das gute Essen wäre. Und es dir vermutlich extrem schwerfallen wird, deine Kochkünste selbst zu boykottieren. Okay, vergiss diesen Tipp wieder. Aber er würde funktionieren, wetten?
- **Heizung abschalten:** In einer kalten Wohnung kann man unmöglich Weihnachten feiern. So ein Pech aber auch, dass sie ausgerechnet jetzt kaputtgehen musste! Tja, dann müsst ihr eben woanders hin. Wirklich sehr schade ... Auch dieser Tipp klappt garantiert, aber ich schätze mal, du bringst es nicht übers Herz, deine Lieben anzuflunkern. Und das ist auch gut so.
- **Selbst verreisen:** Wer nicht da ist, kann auch nicht für andere schuften. Eigentlich ganz logisch. Wie wäre es mit einer gemütlichen Auszeit in einem idyllisch gelegenen Chalet in den verschneiten Schweizer Bergen? Am besten verrätst du niemandem das Reiseziel, sonst taucht die buckelige Verwandtschaft womöglich noch dort auf, und dann könnte es etwas eng werden in der Hütte.

Neinsagen für Anfänger:
Sag's einfach!

Nicht »Ja, klar«. Nicht »Vielleicht, ich schau mal«. Nicht »Eigentlich ...« Sag einfach mal laut und deutlich: »Nein!«

War gar nicht so schwer, oder?

Du wirst dich wundern: Je öfter du das tust, desto mehr wird man dich akzeptieren!

Und wenn dir dieses kleine Wörtchen einfach nicht über die Lippen kommen will, dann greife einfach zu einem Trick: Neinsagen, ohne »Nein« zu sagen. Hier ein paar schicke Absagen zum Auswendiglernen und Nachsprechen:

Abgelehnt
Absolut keine Zustimmung
Ach woher
Also bitte!
Auf keinen Fall
Auf keinsten
Ausgeschlossen
Aussichtslos
Beileibe nicht
Bestimmt nicht
Daraus wird nichts
Das ist keine Option
Das ist nicht drin
Das ist unmöglich
Das wäre ja noch schöner
Dazu habe ich keine Lust
Definitiv nicht
Denkste
Echt nicht
Falsch gedacht
Fehlanzeige
Geht nicht
Gewiss nicht
Gott behüte
Ich möchte das nicht
Ich passe
Ich protestiere
In keiner Weise
Inakzeptabel
Indiskutabel
Ist nicht
Kein Gedanke
Keine Chance
Keineswegs

Kommt nicht in die Tüte
Kommt nicht infrage
Leider nicht machbar
Mit Sicherheit nicht
Mitnichten
Mit Nichten und Neffen
Negativ
Nicht doch
Nicht einverstanden
Nicht um alles in der Welt
Nichts zu machen
Nie im Leben
Nie und nimmer
Niemals
Nix da
Nullinger
Pustekuchen
Sicher nicht
Sorry, da bin ich raus
Steht nicht zur Debatte
Um Himmels willen
Um keinen Preis
Und was träumst du nachts?
Ungern
Unmöglich
Unter keinen Umständen
Veto
Völlig undenkbar
Von wegen
Weit gefehlt
Wohl kaum
Zustimmung verweigert

Bedien dich gerne an dieser Sammlung. Am besten, du wählst deine fünf Favoriten aus und versuchst sie täglich mindestens einmal zu verwenden. Viel Spaß!

WAS HEISST HIER EGOISMUS?

Egoismus bezeichnet eine Haltung, bei der die eigenen Interessen, Bedürfnisse und Wünsche im Vordergrund stehen, oft ohne Rücksicht auf die Interessen, Bedürfnisse und Wünsche anderer.
Puh, das klingt schlimm. Oder?

Lassen wir den zweiten Teil dieser Definition einmal weg, denn das wäre Egoismus für Fortgeschrittene.
Kleine Frage: Was ist denn falsch daran, die eigenen Anliegen wichtig zu nehmen? Wenn du es nicht tust, wer sonst?
Lass dir nicht einreden, deine Gesundheit, dein Wohlbefinden, deine Zufriedenheit, deine Ziele wären nicht relevant.
Du bist wichtig. Punkt.

Du bist noch nicht überzeugt? Okay, die Glaubenssätze aus der Kindheit sitzen tief. Wie wäre es dann damit:
Du kannst nur für andere da sein, wenn es dir selbst gutgeht?
Also achte auf dich!
Du siehst: Egoismus und Altruismus sind bloß zwei Seiten derselben Medaille.

Vorschlag: Ab sofort lässt du dich nicht mehr in die Egoismusecke stellen! Zumindest nicht in die mit dem schlechten Image.

Willst du etwa selbstsüchtig sein?

Als Kind hat man dir eingebläut, Egoismus sei etwas durch und durch Negatives. Wahrscheinlich hast du nie darüber nachgedacht, ob das wirklich stimmt, oder? Du hast das als Tatsache abgespeichert, an der nicht zu rütteln ist.

Für alle, die dich ausnutzen und dir unangenehme Aufgaben aufs Auge drücken wollen, ist diese Überzeugung natürlich Gold wert. Denn sie macht es ihnen ganz leicht, an dein schlechtes Gewissen zu appellieren, wenn du es wagst, ausnahmsweise mal an dich zu denken und tatsächlich Nein zu sagen.

Bevor du dann sofort zurückruderst, solltest du dir allerdings bewusst machen, dass ein bisschen Egoismus überhaupt nichts Schlechtes ist. Ja, wirklich!

Schauen wir uns die Facetten des positiven Egoismus doch mal genauer an.

Egoismus ist ...

... **Achtsamkeit:** Eigentlich logisch. Um dir deiner Gefühle, Gedanken und Sinnesempfindungen bewusst zu werden, musst du dich ganz auf dein Selbst konzentrieren. Nicht auf deine Kolleginnen und Kollegen, nicht auf deine Familie, nicht auf deinen Freundeskreis, nicht auf die Nachbarschaft. Ausschließlich auf dich. Nur so schaffst du es, es dir künftig öfter mal recht zu machen statt immer nur anderen.

... **Selbstreflexion:** Erst wenn du deine Aufmerksamkeit auf dich selbst lenkst und dabei deine Gedanken, Gefühle, Handlungen, Überzeugungen und Erfahrungen kritisch betrachtest, kannst du dir über deine Bedürfnisse, Wünsche und Ziele klar werden. Was brauchst du, um glücklich zu sein? Wenn du dich immer nur auf die Bedürfnisse anderer fokussierst, wirst du das nie herausfinden. Wäre schade, oder?

… Lernen und Wachsen: Sobald du weißt, was dir wirklich wichtig ist, was du willst und wo deine Ziele sind, kannst du dich weiterentwickeln. Welche Verhaltensweisen oder Denkmuster möchtest du ändern? Welche Stärken schlummern in dir, die du entdecken, entfalten, ausleben und weiterentwickeln könntest? Solange du dich nur mit anderen befasst statt mit dir, wirst du persönlich auf der Stelle treten.

… Selbstakzeptanz: Wenn du dir vor allem deiner Schwächen bewusst bist und deinen Wert an der Anerkennung durch andere misst, dürfte es dir schwerfallen, dich selbst zu akzeptieren. Eigentlich sollte dir jedoch viel wichtiger sein, was du selbst über dich denkst, als was andere meinen. Zumal niemand dich so gut kennt wie du. Mit allen Schwächen, zugegeben, aber auch mit allen Stärken!

… Unabhängigkeit: Sich weniger um die Meinung anderer zu scheren, hat etwas sehr Befreiendes. Denn wenn das, was du tust, wie du aussiehst, wie du bist im Einklang mit deinen Werten und Überzeugungen steht, ist doch alles gut. Genieße diese Unabhängigkeit! Sie ist ein wichtiger Schritt auf deinem Weg zur Selbstverwirklichung und bei deinem Abschied vom People Pleasing.

… Resilienz: Du kennst deine Stärken, deine Werte, deine Ziele. Das nennt man: Selbstbewusstsein. Sehr gut! Aber was, wenn du auf deinem Weg Rückschläge erlebst? Und das wirst du, denn das passiert jedem! Nun, eine gesunden

Portion Selbstachtung hilft dir, besser damit umzugehen. Resilienz bedeutet, dass du es schaffst, einen Rückschlag wegzustecken und dich voller Motivation auf deine nächsten Vorhaben zu konzentrieren. Wie auch immer alle anderen deinen Misserfolg einschätzen, spielt keine Rolle – entscheidend ist allein, dass du dich davon nicht unterkriegen lässt und für dich möglichst viel daraus lernst.

... **Klarheit:** Wenn du weißt, was du willst und was dir guttut, fällt es dir leichter, Entscheidungen zu treffen. Dazu gehört es, anderen gegenüber Grenzen zu setzen und auch mal Nein zu sagen. Es geht um dein Leben, deine Zeit, deine Energie, dein Wohlbefinden – natürlich hast du das Recht, das alles zu beschützen!

... **Selbstfürsorge:** Es tut dir nicht gut, deine eigenen Bedürfnisse zu ignorieren. Denn ganz ehrlich: Wenn du es nicht tust, wer sonst sollte darauf achten, dass du genug schläfst, dich gut ernährst, regelmäßig bewegst und entspannst? Tja, das ist tatsächlich deine Aufgabe, und wenn du physisch, emotional und mental gesund bleiben willst, solltest du dich nicht immer nur um andere kümmern, sondern unbedingt auch um dich selbst. Denn nur dann kannst du auch für andere da sein.

Du siehst: Egoismus ist nicht nur schlecht. Im Gegenteil: Achtsamkeit, Resilienz, Selbstfürsorge, ... das ist doch was Gutes!

Und dafür solltest du Grenzen setzen, mit den eigenen Kräften haushalten, klare Entscheidungen treffen, dich nicht mehr manipulieren lassen und dich selbst wichtig nehmen!

Theoretisch einleuchtend, aber ...

Ich weiß, es ist eine Sache, zu verstehen, dass man ein bisschen mehr an sich selbst denken sollte, und eine ganz andere, das seinen Mitmenschen gegenüber durchzusetzen. Auch wenn du jetzt weißt, dass gesunder Egoismus nichts Schlechtes ist, zuckst du zusammen, wenn man dir – direkt oder indirekt – vorwirft, ichbezogen zu sein. Deshalb hier ein paar praktische Beispiele, wie du dich und dein Nein behaupten kannst, wenn man versucht, dir ein schlechtes Gewissen zu machen.

→ »Aber wir sind doch ein Team.«

Deine Kollegin hat den ganzen Tag rumgetrödelt, während du eine Aufgabe nach der anderen abgearbeitet hast. Du bist müde und willst daher unbedingt pünktlich Feierabend machen. Doch nun bittet sie dich, eine ihrer Aufgaben zu übernehmen, weil sie das nicht mehr schafft. Du hast all deinen Mut zusammengenommen und freundlich, aber bestimmt abgelehnt. Daraufhin sagt sie: »Ich dachte, wir wären ein Team, aber offenbar willst du mir nicht helfen.«

Was du auf keinen Fall sagen solltest: »Sorry, das war egoistisch von mir. Ich erledige das natürlich gern für dich.« Du willst doch nicht schon wieder einknicken ... Bleib standhaft!
Was du lieber auch nicht sagen solltest: »Hättest du nicht so viel Zeit verplempert, wäre das schon längst erledigt.« – Es ist nie gut, mit einem Gegenvorwurf zu kontern, sonst schaukelt sich das Gespräch schnell hoch und wird zu einer emotionalen Debatte.

Was du stattdessen sagen könntest: »Ich schätze unsere Teamarbeit auch sehr, aber heute hatte ich so viel zu tun, dass ich total erschöpft bin.« – Eine faire Teamplayerin wird ja wohl kaum von dir erwarten, über die Erschöpfungsgrenze hinaus zu arbeiten!

→ »Du denkst nur an dich selbst.«
Es ist Samstagnachmittag. Deine Mutter will, dass du für sie einkaufen gehst. Du warst aber bereits gestern im Supermarkt und hast vor, an deinem freien Tag mit einer Freundin in die Therme zu gehen. Wenn du vorher ihre Besorgungen erledigst, lohnt sich das allerdings kaum noch. Außerdem weißt du, dass sie genug Lebensmittel im Haus hat. Du erzählst ihr von deinen Plänen. Woraufhin sie dir vorwirft, du würdest mal wieder nur an dich denken.

Was du auf keinen Fall sagen solltest: »Na gut, ich sage meiner Freundin ab. Was genau brauchst du?« – Der Vorwurf ist völlig ungerechtfertigt, du solltest dich nicht manipulieren lassen!
Was du lieber auch nicht sagen solltest: »Tja, vielleicht bin ich egoistisch, ich hatte ja das beste Vorbild.« – Achtung, selbst wenn du deine Mutter für selbstsüchtig hältst, ein Streit ändert daran auch nichts mehr.
Was du stattdessen sagen könntest: »Ich denke viel zu selten an mich, ein bisschen Wellness wird mir nach der stressigen Woche guttun. Aber ich geh natürlich gern für dich einkaufen. Wenn du mir deine Liste rechtzeitig schickst, kann ich die Sachen nächste Woche für dich besorgen, wenn ich ohnehin in den Supermarkt fahre.« – Auf diese Weise machst du gleich einen sinnvollen Alternativvorschlag, bei dem du deine Hilfe

optimal in deinen Alltag integrieren kannst, ohne auf die dringend notwendige Entspannung zu verzichten.

→ »Ich hätte nicht gedacht, dass du so selbstsüchtig sein kannst.«

Eine Freundin möchte zu einem Speed-Dating-Event gehen, aber alleine traut sie sich nicht – du sollst mitkommen. Du hast aber überhaupt keine Lust auf so etwas und willst unbedingt den spannenden Krimi weiterlesen, den du gestern angefangen hast und der dich sofort gefesselt hat. Du sagst, dass du schon in Jogginghosen auf der Couch liegst und einfach keine Energie mehr aufbringst, dich zurechtzumachen und auszugehen. Sie ist eingeschnappt und sagt, du wärst selbstsüchtig.

Was du auf keinen Fall sagen solltest: »Gib mir zehn Minuten, dann bin ich ausgehbereit. Soll ich dich abholen?« – Du hast dich doch schon entschieden, daheim zu bleiben. Dann halte auch daran fest!
Was du lieber auch nicht sagen solltest: »Wer von uns beiden ist denn jetzt selbstsüchtig?« – Auch wenn da was Wahres dran ist, damit erntest du bestimmt kein Verständnis, sondern stößt deine Freundin nur vor den Kopf.
Was du stattdessen sagen könntest: »Manchmal muss man einfach auf sein Bauchgefühl hören, und meins sagt mir, dass eine gemütliche Leseauszeit genau das ist, was mir heute guttut. Vielleicht ein anderes Mal.«

→ »Du bist doch sonst nicht so egoistisch.«

Deine Schwiegertochter bittet dich, dein Enkelkind zu hüten – es ist krank und darf nicht in den Kindergarten. Natürlich übernimmst du gern. Aber nach ein paar Tagen spürst du die Strapazen in den Knochen. Einen Dreijährigen zu beschäftigen, ist ganz schön anstrengend. Als sie dich anruft und fragt, ob es okay ist, wenn sie nach Feierabend noch mit ein paar Kollegen ausgeht, sagst du ihr ehrlich, dass es dir lieber wäre, sie würde dich baldmöglichst ablösen. Woraufhin sie dich als Egoistin bezeichnet.

Was du auf keinen Fall sagen solltest: »Dann will ich mal nicht so sein. Geh ruhig, ich passe weiter auf ihn auf.« – Denke an dich und deine Nerven!
Was du lieber auch nicht sagen solltest: »Du kannst froh sein, dass ich überhaupt einspringe. Eigentlich wäre das dein Job als Mutter.« – Tja, das wäre wohl der beste Weg, das Verhältnis zu deiner Schwiegertochter nachhaltig zu verschlechtern.
Was du stattdessen sagen könntest: »Ich muss da tatsächlich mal an mich denken, aber auch an dich. Denn wenn ich mich überfordere, bin ich irgendwann gar nicht mehr dazu in der Lage, auf mein Enkelkind aufzupassen, und das fände ich selbst sehr schade.« Das macht deutlich, dass deine Absage kein böser Wille ist, sondern du einfach mit deinen Kräften haushalten musst.

→ »Du könntest ruhig mehr Rücksicht auf mich nehmen.«
Dein Mitbewohner wäre eigentlich mit dem Putzdienst dran, aber er will sich mal wieder drücken und versucht, dir die Aufgabe unterzujubeln. Dazu nutzt er das Argument: »Du bist doch eh öfter zu Hause als ich, also machst du hier auch mehr Dreck.« Okay, du arbeitest im Homeoffice, aber das bedeutet eher, dass du zwischendurch mal die Spülmaschine aus-

räumst oder andere Kleinigkeiten im Haushalt erledigst, auch wenn das eigentlich sein Job wäre. Als du darauf bestehst, dass er den Plan ernst nimmt, wirft er dir vor, rücksichtslos zu sein.

Was du auf keinen Fall sagen solltest: »Okay, ausnahmsweise übernehme ich deinen Putzdienst.« – Wie willst du jemals durchsetzen, dass er sich an die Abmachung hält?
Was du lieber auch nicht sagen solltest: »Du machst in zehn Minuten hier mehr Dreck als ich in zehn Stunden.« – Vorsicht, das ist ein Whataboutism. Damit lässt du zu, dass sich das Gespräch auf einen Nebenschauplatz verlagert. Eigentlich sollte es ja darum gehen, dass er die getroffene Vereinbarung erfüllt.
Was du stattdessen sagen könntest: »Ich nehme Rücksicht, indem ich mich an den Putzplan halte, und ich möchte dich bitten, genauso fair zu sein.« – Damit machst du ihm klar, dass er derjenige ist, der sich rücksichtsvoller verhalten sollte.

Und jetzt bist du dran. Ist gar nicht so schwer, wetten?

Sympathie kann man nicht erzwingen

Die größte Herausforderung für People Pleaser ist nicht, dass sie sich leicht manipulieren lassen. Oder dass sie nicht Nein sagen können. Denn das sind bloß die Konsequenzen ihres eigentlichen Hauptproblems: nämlich, dass sie unbedingt gemocht werden wollen!

Aber hey, wollen wir das nicht alle? Klar, so sind wir Menschen nun mal. Es tut uns gut, wenn andere uns positiv sehen und man gerne mit uns zu tun hat. Wir wollen sympathisch sein! Aber was bedeutet das eigentlich?

Ein diffuses, aber positives Gefühl

So richtig kann man es oft nicht fassen, warum einem jemand sympathisch ist. Wir haben einfach das Gefühl, dass irgendwie die Chemie stimmt.

Du kennst das sicher: Leute, die du magst, hast du einfach lieber um dich herum. Du bist ihnen wohlgesinnt, stimmst ihnen eher zu und hast generell mehr Verständnis für sie.

Umgekehrt gilt: Menschen, mit denen wir nicht auf einer Wellenlänge sind, können im Grunde gar nichts richtig machen – wir legen ihnen alles, was sie tun, negativ aus.

Woran liegt es nun aber, dass man manche Leute spontan gut leiden kann? Wenn dein Bekanntenkreis aus ebenso unterschiedlichen Typen besteht wie meiner, wird dir klar, dass da viele Faktoren eine Rolle spielen müssen.

Was uns an anderen gefällt

»Was findest du an deinen Mitmenschen sympathisch?« Auf diese Frage bekam ich folgende Antworten:

- »Wir haben ganz ähnliche Interessen und können uns super darüber austauschen. Allein schon wegen dieser Gemeinsamkeit ist es toll, mit ihr Zeit zu verbringen.«
- »Er kann total gut zuhören und ist absolut verschwiegen. Solche Menschen trifft man nicht oft.«

- »Ich liebe seinen Humor. Andere mögen seine Sprüche manchmal makaber finden, aber ich finde sie urkomisch. Nichts verbindet so sehr, wie miteinander lachen zu können.«
- »Sie ist einfach unglaublich freundlich. Wenn man sie sieht, ist man sofort besser gelaunt als vorher.«
- »Er kritisiert nie an mir herum, sondern nimmt mich einfach so, wie ich bin.«
- »Ich muss mich in ihrer Gegenwart niemals verstellen oder mir überlegen, was ich sagen darf und was nicht.«
- »Sein Lachen ist einfach ansteckend. Wer so lacht, kann nur nett sein.«
- »Mir gefällt ihre Art, mit anderen zu reden. So aufmerksam, zugewandt und respektvoll. Sie schenkt ihren Gesprächspartnern immer die volle Aufmerksamkeit und nimmt jeden ernst. Das ist beeindruckend.«
- »Er ist unglaublich warmherzig, höflich und hilfsbereit.«
- »Sie engagiert sich für Umwelt- und Klimaschutz – ein Thema, das mir auch wichtig ist. Wir haben da ganz ähnliche Ansichten, und deshalb verstehen wir uns so gut.«
- »Sie spürt, wenn es anderen nicht gut geht – ich bin noch nie so einem empathischen Menschen begegnet.«
- »Er ist gnadenlos ehrlich. Das gefällt mir.«
- »Ich bewundere ihre Großzügigkeit. Sie macht gern Geschenke und ist niemals neidisch auf andere.«
- »Obwohl er so erfolgreich ist, bleibt er auf dem Boden und ist ein ganz bescheidener Mensch. Respekt.«
- »Man kann sich zu hundert Prozent auf sie verlassen. Sie ist niemals unpünktlich und vergisst auch nie ein Versprechen. Das schätze ich wirklich sehr.«

- »Ich mag seinen Optimismus. Er strahlt immer etwas unglaublich Positives aus. Das inspiriert mich.«
- »Sie hat überhaupt keine Vorurteile und respektiert wirklich jeden Menschen. Diese Toleranz macht sie so sympathisch.«

Du kannst nicht allen gefallen

Auch wenn du es noch so sehr versuchst, dich auf den Kopf stellst und dabei jonglierst, es wird immer Leute geben, die dich nicht mögen.

Ich weiß, der Gedanke daran ist nicht gerade erquicklich, aber fühl dich getröstet: Es liegt nicht an dir. Das geht nämlich allen so. Tatsächlich gibt es wohl keinen einzigen Menschen auf diesem Planeten, den wirklich alle sympathisch finden.

Schau dir nur die begeisterten Zitate oben an. Da wird beispielsweise ein ansteckendes Lachen erwähnt. Wetten, dass es auch jemanden gibt, der genau dieses Lachen furchtbar nervig findet? Oder die Sache mit der Freundlichkeit und dem Optimismus. Irgendwer würde darüber vielleicht sagen: »Dieses ständige Grinsen und diese chronisch gute Laune gehen mir gewaltig auf den Keks.« Und was die gnadenlose Ehrlichkeit betrifft: Garantiert kommt die nicht immer und überall gut an. So ein Verhalten kann sehr leicht als beleidigend empfunden werden.

Mal ganz ehrlich: Sicher fallen dir spontan auch so einige Leute ein, die du überhaupt nicht leiden kannst. Und das, obwohl sie bei vielen ausgesprochen beliebt sind. Warum sollte es anderen bei dir nicht genauso gehen?

Okay, eine fürsorgliche Pflegerin, ein wirklich engagierter Lehrer oder eine Ärztin, die in ihrem Urlaub ehrenamtlich in

Krisen- und Kriegsgebieten hilft, haben wohl höhere Chancen auf Beliebtheit als tyrannische Diktatoren, pöbelnde Hooligans oder ein Möchtegern-Model, das ständig durch Zickereien oder Beleidigungen auffällt. Aber auch der Diktator hat mit Sicherheit ein paar Fans – und die Pflegerin könnte jemanden vor den Kopf gestoßen haben, der sie seitdem überhaupt nicht mehr mag.

Und wir Normalos liegen vermutlich irgendwo dazwischen. Kein Grund, sich aufzuregen.

So macht man sich unbeliebt

Wie gesagt – was die einen anziehend finden, stößt die anderen ab. Allerdings gibt es eine Reihe von Eigenschaften, die wohl mehrheitlich auf wenig Gegenliebe stoßen.

Wenn du dich also mal so richtig unbeliebt machen willst, musst du dich einfach nur so verhalten wie in den folgenden Zitaten beschrieben:

- »Ich finde ihn extrem rücksichtslos. Seine eigenen Bedürfnisse stehen immer an erster Stelle, danach kommt lange nichts ... Wenn sein Verhalten andere beleidigt oder ihnen Probleme bereitet, stört ihn das überhaupt nicht. Einfach unmöglich.«
- »Sie ist unfassbar hochnäsig und arrogant. Keine Ahnung, worauf sie sich was einbildet – sie ist weder besonders klug oder begabt noch attraktiv. Vermutlich ein typischer Fall von Dunning-Kruger – also chronischer Selbstüberschätzung.«
- »Man kann ihm einfach nicht trauen. Er ist ein Lügner und Betrüger. Mit so jemandem will ich nichts zu tun haben.«

- »Sie tut zwar so, als würde sie sich für andere interessieren, aber in Wahrheit lassen sie die Sorgen anderer völlig gleichgültig. Vielleicht ist sie abgestumpft, vielleicht aber auch einfach nur total unempathisch.«
- »Man hört ihn immerzu nur jammern und meckern. Egal, wie gut es ihm geht, er beklagt sich. So was zieht einen echt runter.«
- »Er grüßt nur, wenn es sein muss, und sagt weder Danke noch Bitte. Ein richtiger Stoffel. Ein bisschen Anstand würde ihm nicht schaden.«
- »Sie hat massenhaft Vorurteile und ist null tolerant. So was geht gar nicht.«
- »Er ist auf alle neidisch, die mehr besitzen oder erfolgreicher sind als er. Das stößt mich richtig ab.«
- »Sie will immer alles besser wissen und ist regelrecht streitsüchtig. Sehr anstrengend. Ich gehe ihr lieber aus dem Weg.«
- »Mich stört, dass er immer alles bestimmen will. Dieser Typ ist extrem dominant. Andere Meinungen lässt er nicht gelten.«
- »Sie gibt mir das Gefühl, minderwertig zu sein. Als hätte ich nicht schon genug Selbstzweifel.«
- »Wenn ich schon ihre schrille, durchdringende Stimme höre, möchte ich am liebsten das Weite suchen.«
- »Eigentlich ist er ja ganz okay, aber irgendwie stimmt zwischen uns einfach die Chemie nicht.«
- »Er lässt immer raushängen, dass er einen höheren Bildungsgrad hat, damit sich alle anderen in seiner Gegenwart dumm fühlen. Das zeugt allerdings nicht gerade von Herzensbildung.«

Das Leben ist nicht schwarzweiß

Kennst du jemanden mit ausschließlich positiven Eigenschaften? Dann schreib mir unbedingt – dieses lebende Weltwunder muss ich unbedingt kennenlernen!

Jeder Mensch hat sowohl positive als auch negative Eigenschaften. Deshalb sind wir im Grunde alle Persönlichkeiten »mit Ecken und Kanten«. Zudem sind viele Charakterzüge und Verhaltensweisen nicht automatisch gut oder schlecht. Das hängt nicht zuletzt auch von der Situation ab und von den Personen, um die es geht. Du kennst das sicher: Denjenigen, die du magst, verzeihst du ihre Fehler eher – und bei denen, die du nicht magst, können dich die guten Seiten auch nicht umstimmen.

Entspann dich: People Pleasing ist eh zwecklos

Egal, wie sehr du es versuchst: Du kannst niemanden zwingen, dich zu mögen. Also versuch es erst überhaupt nicht! Schon gar nicht durch People Pleasing. Wer dich mag, akzeptiert dich auch mit deinen Schwächen und Macken.

Apropos Schwächen – deine kennst du sicher ganz genau. Aber wie gut kennst du deine Stärken und deine positiven Charaktereigenschaften? Oder anders gesagt: Was an dir magst du?

Bevor du deine Freundin oder deinen Freund fragst, was er oder sie an dir schätzt, überleg doch selbst einmal. Auf den nächsten Seiten ist Platz für deinen Eintrag.

Die fünf Eigenschaften, die mir an mir selbst am besten gefallen:

1. ______________________________

2. ______________________________

3. ______________________________

4. ______________________________

5. ______________________________

Und jetzt überleg, was dir an anderen Menschen besonders gut gefällt, und schreib deine Erkenntnisse ebenfalls auf.

Diese fünf Eigenschaften gefallen mir an anderen besonders:

1. ______________________________

2. ______________________________

3. ______________________________

4. ______________________________

5. ______________________________

Huch, die stimmen zum Großteil überein? Sehr interessant – wenn auch nicht besonders überraschend.

Weißt du, was das bedeutet? Genau: dass People Pleasing total zwecklos ist. Sei einfach du selbst – dann mögen dich auch die richtigen Leute. Nämlich diejenigen, die zu dir passen.

Und die anderen? Können dir gestohlen bleiben!

Geh deinen eigenen Weg!

Auch die Coachin, Mediatorin, Dozentin und Autorin Heike Thompson vertritt die Meinung, wir sollten alle ruhig ein bisschen egoistischer sein. Nicht zufällig heißt ihr Coaching-Programm »Ich-Weg«. Diesen Begriff hat sie sich sogar als Wortmarke schützen lassen.

Und weil sie zufälligerweise auch meine Freundin ist, hat sie mir nicht nur erlaubt, ihn in diesem Buch zu verwenden, sondern sich auch für ein Interview zur Verfügung gestellt.

Interview mit Heike Thompson

Was hat es mit deinem Ich-Weg auf sich?
Ich-Weg bedeutet nach meiner Definition, seinen Lebensweg so zu gehen, dass man mit sich im Reinen ist. Oder anders gesagt: dass man zufrieden ist und nicht immer das diffuse Gefühl hat, etwas stimmt nicht. Eigentlich ganz simpel. Aber so schwer umzusetzen.

Was ist so schwierig daran?
Wir Menschen sind ja darauf ausgerichtet, unsere Bedürfnisse zu befriedigen – etwa nach Anerkennung, Sicherheit, Zugehörigkeit und so weiter. Die Frage ist nur: Wie tun wir das? Bleiben wir uns dabei selbst treu oder verbiegen wir uns? Die Kunst besteht darin, sich bewusst zu machen, welche Bedürfnisse hinter unserem Verhalten stecken. Erst dann können wir hinterfragen, ob wir sie vielleicht auch auf andere Art und Weise befriedigen könnten.

Was hält uns davon ab, uns selbst treu zu bleiben?
Die Gründe dafür sind vielfältig. Sie reichen von negativen Glaubenssätzen, die uns schon in unserer Kindheit eingebläut wurden, bis zu dem unerfüllbaren Wunsch, es allen recht zu machen.

Schon von Kindheit an sind wir mit den Erwartungen anderer konfrontiert und bemühen uns, diese zu erfüllen. Jeder Mensch möchte natürlich seinen Eltern gefallen – das beginnt mit ganz frühen Prägungen im Säuglings- und Kleinkindalter, also zu einem Zeitpunkt, an dem wir nur auf emotionale Wahrnehmungen reagieren können und zu kognitiven Abwägungsprozessen oder Entscheidungen noch gar nicht in der Lage sind.

Und natürlich kommen mit der Zeit die Erwartungen weiterer Menschen hinzu – da sind etwa die Peergroups zu nennen, aber auch Lehrkräfte, Vorgesetzte, Partnerinnen und Partner und so weiter. Alle haben Erwartungen an uns, und je mehr wir darauf aus sind, diese zu erfüllen, desto weniger denken wir darüber nach, was wir eigentlich selbst wollen.

Ohne es zu bemerken, sind wir von unserem Ich-Weg abgewichen. Wenn sich diese Abweichungen verfestigen, können wir uns irgendwann gar nicht mehr vorstellen, einen anderen Weg zu beschreiten.

Was sind denn typische Beispiele für solche Abweichungen?
Wenn man beispielsweise zum Klavierunterricht angemeldet wird, weil musikalische Früherziehung als so wichtig gilt, obwohl man keine Lust dazu hat. Oder wenn man Fußball spielen soll, obwohl man lieber Ballett tanzen würde.

Eltern wollen meistens das Beste für ihre Kinder, aber was dieses Beste ist, steht nicht zur Diskussion. So gilt der Besuch der höheren Schule im Allgemeinen als optimale Voraussetzung für Erfolg im Leben. Doch vielleicht ist dieser Ausbildungsweg ja gar nicht der Richtige für ein Kind und entspricht auch nicht seinen Fähigkeiten?

Genauso wie es in Arbeiterfamilien Vorbehalte gegen den Besuch des Gymnasiums oder gegen ein Studium gibt, erwarten Akademikerfamilien genau das von ihren Kindern und haben Vorurteile gegen eine Ausbildung im Handwerk.

Die Erwartungen der Eltern betreffen manchmal auch die Berufswahl, vor allem in Unternehmerfamilien, wenn es um die Nachfolge geht, oder die Lebensgestaltung im Allgemeinen: Hochzeit, Familie und so weiter, das wird häufig als Standardplan vorausgesetzt.

Den Erwartungen anderer zu folgen, kann uns also an vielen Stellen von unserem Ich-Weg abbringen.

Warum rebellieren wir nicht einfach dagegen?

Eines der größten Bedürfnisse eines jeden Menschen ist die Zugehörigkeit. Mit jemandem in die Auseinandersetzung zu gehen, bedeutet also unter Umständen auch, sich zu entfremden oder zurückgewiesen zu werden. Im schlimmsten Fall aus einer Gemeinschaft ausgeschlossen zu werden. Oftmals ist es diese Angst vor Zurückweisung, die uns von Konflikten abhält. Sie verursachen emotionalen Stress. Für den Moment scheint es einfacher zu sein, einer Auseinandersetzung auszuweichen. Aber dieses Ausweichen ändert unseren eigenen Kurs. Erst unmerklich, dann immer mehr.

Konflikte sind also in Wahrheit etwas Gutes?

Wenn sie konstruktiv geführt werden, bilden sie den Boden für neue Lösungsmöglichkeiten. Sie können auch dem besseren Verständnis des Gegenübers dienen und stellen Positionen klar.

Voraussetzung für konstruktive Konflikte sind die Überzeugung, dass jeder Mensch das Recht auf seine eigene Meinung hat. Wenn diese nicht mit unserer Meinung übereinstimmt, ist sie nicht automatisch falsch, sondern einfach nur anders. Mit dem Wegfall von Bewertungen eröffnet sich eine völlig neue Sichtweise, die einem ohne diesen Konflikt nie in den Sinn gekommen wäre.

Warum neigen so viele Menschen dazu, andere Meinungen abzuwerten?

Man muss mit sich im Reinen sein, um auch andere Überzeugungen oder Lebenskonzepte so stehen lassen zu können, ohne sie zu kritisieren oder den eigenen Lebensentwurf infrage zu stellen. Mit anderen Worten: Wer auf dem Ich-Weg bleibt oder dahin zurückfindet, ist eher dazu in der Lage, konstruktive Konflikte zu führen. Da schließt sich dann der Kreis.

Wieso beeinflussen Glaubenssätze unser Leben so stark?

Bei Glaubenssätzen – positiven wie negativen – handelt es sich um tief verankerte Vorannahmen, die in der Regel nicht hinterfragt werden. Sie sind die Basis für unsere Grundüberzeugungen, unser Mindset, und wir handeln ganz unbewusst danach.

Es macht was mit einem, wenn man immerzu Sätze wie »Das kannst du nicht« oder »Du bist nicht gut genug« zu hören bekommt. Einer der schlimmsten von allen ist: »Nimm dich nicht so wichtig.« Ein Satz, mit dem viele Menschen aufgewachsen sind. Der aber geradezu ein Garant dafür ist, dass man von seinem Ich-Weg abkommt.

Negative Glaubenssätze halten uns davon ab, zu dem Menschen zu werden, der wir vielleicht sein könnten. Sie verhindern, dass wir Dinge hinterfragen und neu denken, ja, dass wir überhaupt in der Lage sind, uns vorzustellen, das Leben könnte auch ganz anders sein.

Wie fühlt man sich, wenn man vom Ich-Weg abkommt?

Man ist latent unzufrieden, fühlt sich fremdbestimmt und spürt, man sollte etwas ändern. Doch das gelingt nicht, wenn man in einer Wiederholungsschleife aus Frustration und Schuldgefühlen steckt und das Licht am Ende des Tunnels gar nicht sieht. Das kann die Partnerschaft betreffen oder auch die Karriere, das persönliche Zeitmanagement oder andere Lebensbereiche. Wo auch immer man nicht mit sich im Reinen ist – es fühlt sich einfach nicht gut an.

Oftmals tappen wir immer in dieselbe Falle, folgen den tausendfach wiederholten Verhaltensmustern. Geraten beispielsweise immer wieder an denselben Partnertyp, der uns nicht guttut, oder erleben im Job ständig aufs Neue, dass wir übergangen werden, trotz aller Anstrengung.

Man tut Dinge, die man eigentlich nicht tun will. Das eigene Leben zu ändern, ist ein schwieriger Prozess. Und es kann unmöglich gelingen, solange man die eigenen Bedürfnisse immer hintanstellt oder vielleicht gar nicht so genau benennen kann.

Was hindert uns daran, diese Probleme zu lösen?

Viele Menschen wünschen sich, etwas zu ändern, können es aber einfach nicht. Weil uns Ängste – etwa vor Liebes- oder Freundschaftsentzug – davon abhalten. Die Befürchtung, wir könnten scheitern, eine Gemeinschaft verlieren oder am Arbeitsplatz nicht mehr als kollegial gelten, bremst uns aus.

Dennoch spüren wir, dass etwas nicht stimmt. Dass wir unseren Ich-Weg verlassen haben. Dieses latente Gefühl der Unzufriedenheit manifestiert sich häufig in der berühmten Was-wäre-wenn-Frage: Was, wenn ich dies oder jenes im Leben anders gemacht hätte?

Wir Menschen neigen dazu, Entschuldigungen oder Erklärungen für vergangene Entscheidungen zu finden: Das war damals einfach so. Es ging halt nicht anders. Und so schlecht ist mein Leben ja auch wieder nicht.

Dieses Zurückblicken führt also zu nichts, denn es hält uns davon ab, etwas zu ändern. Man kann sein Leben nie rückwirkend korrigieren, sondern nur im Hier und Jetzt etwas tun.

Im Reinen mit sich selbst zu sein, heißt auch, Frieden mit der Vergangenheit schließen. Frühere Entscheidungen sind nicht mehr zu revidieren, wir haben sie getroffen, wie wir es damals für richtig hielten. Es bringt nichts, verpassten Chancen hinterherzutrauern. Aber wir können heute damit anfangen, eine andere Zukunft für uns zu gestalten.

Und wie kann diese Neugestaltung der Zukunft gelingen?

Es fängt damit an, sich selbst und die eigenen Bedürfnisse zu erkennen und endlich wichtig zu nehmen. Aber das allein genügt nicht. Man muss tiefer graben, um auf den Ich-Weg zurückzugelangen, und genau hinschauen: Wo bin ich von diesem Weg abgekommen? Was hat mich dazu gebracht? Wohin hat dieser Weg mich geführt? War es ein Umweg, ein Irrweg, ein Leidensweg?

Das hat nichts damit zu tun, dass man der Vergangenheit hinterhertrauert, sondern dass man sie aufarbeitet und daraus Schlüsse für die Zukunft zieht. Es gilt, die eigene Haltung bewusst zu bewerten und neu auszurichten. Denn Tatsache ist: Wovor man die Augen verschließt, das kann man nicht ändern.

Den Ich-Weg zu gehen, bedeutet auch, Verantwortung für das eigene Leben zu übernehmen. Das heißt, man kann die Schuld für Probleme nicht mehr anderen in die Schuhe schieben. Weder den Eltern, dem Partner oder der Partnerin noch den Vorgesetzten oder den Umständen, nicht mal dem Schicksal. Und es geht auch gar nicht um Schuldzuweisungen, sondern darum, nach vorne zu schauen und wieder auf den Ich-Weg zu gelangen.

Was ist dabei die größte Herausforderung?

Diese schonungslose Selbstanalyse kann ein sehr schmerzhafter Prozess sein. Man muss bereit sein, sein bisheriges Leben – zumindest in Teilen – infrage zu stellen. Und sich auf längst vergangene Situationen mit ihren Emotionen einlassen beziehungsweise akzeptieren, dass sie bis heute noch nachwirken.

Oftmals bekomme ich zu hören: Das ist doch Schnee von gestern. Über das, was uns in unserer Kindheit geprägt hat, sollten wir doch hinaus sein. Doch das ist ja gerade die Krux: Unser Verstand weiß, das ist lange her, doch der Bauch sagt etwas anderes. Die Gefühle, die wir in der Kindheit oder Jugend hatten, sind noch vorhanden. Das bedeutet, in bestimmten Situationen bleiben wir in der Kindheit stecken.

Wir müssen also in diese weit zurückliegenden Situationen auch emotional noch einmal eintauchen, um sie hinterfragen zu können und herauszufinden, inwieweit sie uns heute noch beeinflussen beziehungsweise ob die Bewertung heute noch Gültigkeit hat.

Was wäre dafür ein typisches Beispiel?

Das Gefühl der Unzulänglichkeit kommt nicht selten von negativen Glaubenssätzen wie »Du kannst das nicht« oder »Das schaffst du nicht«, die sich nach wie vor wie ein roter Faden durchs Leben ziehen.

In die Vergangenheit einzutauchen, bedeutet, sich zunächst zu fragen: Welche Emotionen hat dieser Satz damals ausgelöst? Oft sind das Trauer, Schmerz oder andere unangenehme Gefühle.

Im nächsten Schritt schauen wir genauer hin: Worauf bezog sich dieses »Du kannst das nicht« damals? Nun, vielleicht beherrschte eine Drittklässlerin das Einmaleins noch nicht oder ein Zehnjähriger war zu klein, um die beim Hochsprung für das Alter durchschnittliche Höhe von fünfundneunzig Zentimetern zu überwinden. Beides hat sich im Laufe der Zeit natürlich verändert, die Aussage stimmt also längst nicht mehr.

Nun lenken wir den Blick auf die Gegenwart: Was hat dieser Mensch im Leben erreicht? In den meisten Fällen ist das sehr viel.

Mit anderen Worten: Der Satz »Du kannst das nicht« hat längst keine Gültigkeit mehr. Okay, vielleicht ist diese Frau keine Rechenkünstlerin und dieser Mann kein Weltrekordhalter geworden, aber muss das jeder sein? Nein!

Hat man die Situation, in der sich der negative Glaubenssatz verankert hat, relativiert, kann sich auch das Gefühl der Unzulänglichkeit auflösen.

Warum ist ein Coaching dabei so hilfreich?

Meine Erfahrung zeigt, dass die wenigsten Menschen sich selbst aus ihrem Hamsterrad befreien können. Impulse von außen sind wichtig, allein schon deshalb, weil man dabei mit großer Wahrscheinlichkeit irgendwann an einen sehr schmerzhaften Punkt in der Vergangenheit kommt. Und dann werden wir traurig, wütend oder entmutigt. Das ist auch gut so, denn Veränderung braucht Emotionen.

Da es uns Menschen in der Regel jedoch nicht gegeben ist, uns selbst in den Schmerz zu führen, passiert es häufig, dass wir an dieser Stelle abbrechen oder ausweichen – jedenfalls, wenn man das Ganze in Eigenregie versucht.

In Begleitung einer neutralen Person, die einem die Hand reicht, gelingt es eher, über diese Schwelle zu gehen. Denn diesen Schritt müssen wir machen, um das Problem aufzulösen und zurück auf den Ich-Weg zu finden.

Ich danke dir für dieses spannende Interview!

Negative Glaubenssätze: lesen – und dann für alle Zeiten vergessen

Was man dir vielleicht gesagt hat:
Benimm dich anständig.
Das hast du dir selbst so ausgesucht.
Das schaffst du niemals.
Dazu bist du nicht clever genug.
Dir geht's wohl zu gut.
Du hast kein Recht, wütend zu sein.
Du kannst das nicht.
Du musst ...
Du wirst schon sehen, was du davon hast.
Du wolltest es doch so.
Mit dir stimmt doch was nicht.
Nicht jammern, anderen geht's schlechter.
Nimm dich nicht so wichtig.
Sei doch mal wie ...

Stell dich nicht so an.
Stör mich nicht.
Wir hatten es früher viel schwerer als du.
Was sollen denn die Leute denken.

Was du womöglich von dir denkst:
Ich bin anderen eine Last.
Ich bin für alles verantwortlich.
Ich bin nicht gut genug.
Ich bin nicht kreativ.
Ich bin nicht liebenswert.
Ich bin nicht willkommen.
Ich bin nichts wert.
Ich bin so ungeschickt.
Ich bin total unsportlich.
Ich bin zu alt/zu jung für ...
Ich darf keine Fehler machen.
Ich darf keine Umstände machen.
Ich darf niemanden enttäuschen.
Ich habe keine Zeit.
Ich kann nicht singen.
Ich muss mich zusammenreißen.
Ich muss nützlich sein.
Ich muss perfekt sein.
Ich muss stark sein.
Ich muss tapfer und vernünftig sein.
Ich muss zufrieden sein.
Ich sollte mich zurückhalten.
Ich werde nur geliebt, wenn ich etwas leiste.
Keiner versteht mich.

Mit mir hält es niemand lange aus.
Niemand interessiert sich für mich.
Wenn es mir schlecht geht, hab ich das wohl verdient.
Wenn ich etwas nicht schaffe, habe ich mich nicht genug bemüht.

Was du eventuell über das Leben denkst:
Alle anderen haben es besser.
Am besten macht man alles selbst.
Das Leben ist kein Ponyhof.
Die Welt ist nun mal ungerecht.
Es wird einem nichts geschenkt.
Es wird gegessen, was auf den Tisch kommt.
Gefühle zeigen ist ein Zeichen von Schwäche.
Hilfe annehmen ist ein Zeichen von Schwäche.
Man sollte niemandem vertrauen.
Träume sind Schäume.
Zeit ist Geld.

Jetzt aber richtig:
Du kannst das!
Du schaffst das!
Geh deinen Weg!
Bleib dir treu!
Nimm dich unbedingt wichtig!
Du bist gut/richtig so, wie du bist!
Du darfst ...!
Probier dich aus!
Du bist liebenswert!
Klingt doch schon viel besser, oder?

Ja, das darfst du verlangen!

Nun muss ich noch einmal auf die leidigen negativen Glaubenssätze zurückkommen. Einem weiteren davon will ich nämlich dieses Kapitel widmen. Er lautet: »Das kann ich unmöglich sagen.« Du kennst diesen Glaubenssatz vielleicht auch in der Variante »Das kann ich mir nicht erlauben« oder »Das darf ich doch nicht verlangen«.

Um es gleich vorwegzunehmen: Doch, kannst du. Und darfst du. Sollst du sogar! Hier ein paar Beispiele für Situationen, in denen du dich sehr wohl äußern sollst.

→ »Habt ihr das jetzt alle verstanden?«

Du kennst das bestimmt noch aus der Schule. Der Mathelehrer hat irgendwas über Funktionen, Integrale oder Logarithmen erklärt, und du hast nur Bahnhof verstanden. Oder vielleicht sogar das meiste davon kapiert, aber ein kleines Detail nicht.

Doch als er dann wissen wollte, ob es noch Fragen gibt, wagtest du mal wieder nicht, den Finger zu heben. Man will ja nicht negativ auffallen. Zumal alle anderen ja offenbar voll den Durchblick hatten, sonst hätten sie sich ja gemeldet.

Trugschluss: Denen (oder zumindest einigen) ging es genauso wie dir: Sie haben sich einfach nicht getraut.

Tja, die Klassenarbeit zu diesem Thema ging dann natürlich mächtig in die Hose. Logisch. Und der Mathelehrer war ratlos. Warum haben so viele so schlecht abgeschnitten, wenn sie es doch angeblich begriffen hatten?

Jetzt sagst du vielleicht, die Schulzeit ist lange vorbei. Schön und gut, aber wann hast du zuletzt eine Verständnisfrage gestellt?

Da sitzt man beispielsweise in einem Meeting, und der Kunde verwendet in einer Tour eine Abkürzung, die dir nicht das Geringste sagt. Du hast keine Ahnung, was dieses »XYZ« bedeuten könnte. Wovon redet der da bloß?

Niemand fragt nach, also gehst du davon aus, dass nur du dieses Verständnisproblem hast. Aber warum glaubst du das? Bist du etwa komplett neu in dem Job? Hast du von der Materie wirklich so gar keinen Plan? Kennst du dich mit den sonstigen Fachbegriffen aus?

Wenn deine Antworten auf diese drei Fragen »Nein«, »Doch« und »Ja« lauten, liegt es vermutlich nicht an dir. Dann hat dein Kunde einfach nur eine interne Abkürzung verwendet, die nicht allgemein üblich ist und die du überhaupt nicht kennen kannst.

Es spricht also überhaupt nichts dagegen, zu sagen: »Sorry, ich stehe gerade voll auf dem Schlauch: Wofür steht XYZ?«

Ich könnte wetten, alle in der Runde sind dir dafür dankbar!

Und falls du tatsächlich als Einzige oder Einziger nicht wusstest, was das bedeutet – was soll's? Es zeugt von Souveränität, dazu zu stehen. Und hinterher bist du schlauer. Es gibt Schlimmeres im Leben, als sich zu blamieren. Zum Beispiel unwissend zu bleiben.

→ »Alles in Ordnung mit dir?«

Du bist stinksauer. Weil dein Partner oder deine Partnerin dich versetzt hat. Ihr wolltet euch eigentlich einen gemütlichen Filmabend machen, du hast eine Flasche Wein geöffnet und was Schönes gekocht, und jetzt das: Überstunden. Die Info kommt per WhatsApp, aber erst auf Nachfrage von dir.

Als er oder sie endlich nach Hause kommt, kochst du noch immer – innerlich. Aber du sagst nichts. Das wäre ja noch schöner, wenn man da noch was erklären müsste! Du hast es nicht nötig, um eine Entschuldigung zu betteln. Die übrigens nicht kommt, im Gegenteil, dein Gegenüber ist komplett entspannt und kein bisschen schuldbewusst. Du kannst es kaum fassen!

Schließlich kommt die unausweichliche Frage: »Ist was?«

»Nö«, behauptest du einsilbig, und spätestens jetzt müsste ja jedem Menschen mit einem Funken Empathie klar sein, wie stinkig du bist.

»Wirklich nicht? Du wirkst so seltsam.«

»Ach. Ich bin seltsam?«

Ich darf kurz mal einhaken: Ja, bist du. Warum sagst du nicht einfach, was dich bedrückt? Wie viel dir dieser Abend bedeutet hätte? Wie enttäuscht du darüber bist, dass er ins Wasser gefallen ist? Und dass du allein schon die Form der Absage unmöglich findest?

Aber nein. Du schmollst.

»Wirklich alles in Ordnung mit dir?«

So, spätestens das wäre jetzt der Moment der Wahrheit. Du könntest natürlich ausweichen: »Ich hab nur ein bisschen Kopfweh, am besten geh ich ins Bett.« Oder du könntest Farbe bekennen.

Trau dich! Tu's einfach!

Warum zögerst du? Weil du Angst vor einem möglichen Streit hast?

Kann ich verstehen. Aber das Gespräch muss ja nicht unsachlich werden. Bleib einfach bei dir, und sag, wie es dir geht.

Außerdem: Trotzig zu schweigen ist weder für dein Wohlbefinden noch für eure Beziehung gut. Und ganz ehrlich: Eine Partnerschaft, in der man nicht offen reden kann, ist ohnehin keine, um die es sich zu kämpfen lohnt.

→ »Hat's geschmeckt?«

Du gehst gern in dieses Restaurant. Die Einrichtung ist gemütlich, das Servicepersonal nett, das Essen lecker. Normalerweise jedenfalls. Aber diesmal scheint etwas total schiefgelaufen zu sein. Der Salat schmeckt nach Essigessenz, das Steak ist viel zu durch, die Bratkartoffeln sind angebrannt und außerdem völlig versalzen.

Als die Bedienung deinen (nicht ganz leeren) Teller abräumt, fragt sie wie immer, ob du zufrieden warst.

Eigentlich willst du schon reflexartig »Alles wunderbar«, erwidern, aber das stimmt ja diesmal nicht. Was also tust du?

Natürlich könntest du einfach »Danke, gut« sagen. Aber warum solltest du?

Ich verstehe – sonst bist du ja immer super zufrieden und möchtest deshalb keinen Aufstand machen. Aber gerade weil du hier Stammgast bist, solltest du ehrlich sein. Denn nur so gibst du dem Team die Chance, sich erstens zu entschuldigen, zweitens den Fehler zu finden und drittens es in Zukunft (wieder) besser zu machen.

Ist es wirklich so schwer, ein ehrliches Feedback zu geben? Ganz ruhig und sachlich könntest du sagen: »Ich bin ja ein großer Fan eurer Küche, aber heute war leider nicht alles in Ordnung.«

Vermutlich bekommst du zum Dank noch einen Espresso gratis oder man berechnet dir das missratene Essen gar nicht erst. Und dann wirst du mit einem guten Gefühl nach Hause gehen – nicht mit einem enttäuschten.

→ »Waren Sie zufrieden mit dem Produkt?«

Du hast online ein Hundespielzeug bestellt, weil es als »unzerstörbar, auch für starke Kauer« angepriesen wurde.

Ach, was soll's, ich geb's einfach zu: Ich war das. Mein Hund Milow liebt es, mit Bällchen zu spielen, auf Hölzchen herumzukauen oder an Spieltauen zu zerren. Aber mit Kuscheltieren kann er nichts anfangen. Beziehungsweise kann er schon, er kuschelt bloß nicht mit ihnen, sondern zerfetzt sie, und das im Nullkommanix. Und als dann im Internet diese angeblich unzerstörbare Hundespielgans aufploppte, bin ich drauf reingefallen. Natürlich hat Milow auch dieses Teil zerlegt – er brauchte dafür keine zehn Minuten. Ich kann dir Beweisfotos zeigen!

Okay, ich gestehe, es war mir zu aufwändig, mein Geld zurückzufordern. Aber als der Hersteller mir eine Mail schickte und mich um eine Produktbewertung bat, zögerte ich keine Sekunde, »Sehr unzufrieden« anzuklicken.

Hätte ich das im echten Leben auch so gemacht? Beim Fachhändler meines Vertrauens würde ich normalerweise nur Feedback geben, wenn ich ausgesprochen zufrieden war. Angenommen, ich wäre es überhaupt nicht und der Verkäufer, der mich neulich so überaus freundlich und kompetent beraten hat, würde mich danach fragen? Puh, schon schwieriger. Oder wie würde es dir da gehen? Man will ja niemanden enttäuschen.

Andererseits: Im Grunde ist es ja der kompetente und nette Verkäufer, der sich in der Qualität seines Produktes täuscht, und vielleicht ist er ganz froh, wenn du seinen Irrtum aufklärst – ihn also ent-täuschst? Damit er dieses Produkt nicht mehr weiterempfiehlt. Schließlich will er ja tatsächlich zufriedene Kunden, nicht bloß scheinbar zufriedene.

→ »Und wie sind so Ihre Gehaltsvorstellungen?«

Das Vorstellungsgespräch ist gut gelaufen. Du hast dich von deiner besten Seite gezeigt, warst freundlich und souverän, hast dich als wortgewandt und kompetent präsentiert, aber nicht zu viel geplappert ... Also alles bestens.

Aber jetzt kommt die Frage, vor der du dich so gefürchtet hast. Die nach deinem Wunschgehalt. Was sollst du sagen? In deinem letzten Job hast du viel zu wenig verdient, obwohl du gute Arbeit geleistet hast – genau darum willst du dich ja verändern. Aber kannst du das, was dir vorschwebt, wirklich verlangen?

Okay, durchatmen. Das Gehalt, das du gerne hättest, ist ja keine Fantasiezahl. Du hast dich gut informiert. Du weißt, was in der Branche üblich ist, was du kannst und was du demnach wert bist. Wenn du jetzt zu bescheiden auftrittst, war's das. Dann kommst du auch in dieser Firma nie auf einen grünen Zweig.

Andererseits willst du nicht unverschämt wirken. Und du hättest diesen Job wirklich gern. Das ist ein tolles Unternehmen, die Chefin ist nett, hier könntest du langfristig aufsteigen und Karriere machen.

Aber Achtung: Das passiert nur, wenn man dich ernst nimmt. Verkaufst du dich von Anfang an unter Wert, ist dieser Zug abgefahren.

Also: Trau dich!

→ »Setz dich doch einfach woanders hin!«

Als du den Kinosaal betrittst, ist das Licht schon gedimmt und es läuft Werbung. Mit Mühe stolperst du zu Reihe elf, Platz sieben. Aber dort sitzt schon jemand. Du überprüfst noch mal dein Ticket im Schein deiner Handytaschenlampe – ja, du bist richtig. Von hinten wird schon gezischt, weil du das Sichtfeld verdeckst. Schnell setzt du dich auf irgendeinen freien Sitz, denn du willst ja nicht stören. Eine Diskussion mit dem Typen, der deinen Platz belegt hat, sparst du dir lieber. Denn du kannst dir schon denken, was er erwidern würde: »Setz dich doch einfach woanders hin, es gibt ja noch jede Menge Plätze.«

Doch kaum hat der Hauptfilm angefangen, kommt noch eine größere Gruppe Zuschauer herein – und einer davon hat den Platz reserviert, auf dem du jetzt sitzt. Im Gegensatz zu dir hat er allerdings keine Hemmungen, dich darauf aufmerksam zu machen, und jetzt stört dein Platzwechsel noch viel mehr als vorher. Mensch, das hättest du dir wirklich sparen können.

Noch mal: Nimm dich wichtig!

Ganz gleich, ob du nach deinen Gehaltsvorstellungen gefragt wirst oder danach, ob du mit einer Beratung zufrieden warst: Zurückhaltendes Lächeln ist jetzt wirklich nicht angesagt. Es bringt dich nicht weiter und deine Mitmenschen auch nicht.

Am besten, du liest dir die folgenden Sätze laut vor:

- »Ja, ich darf fragen, wenn mir etwas unklar ist.«
- Ja, ich darf sagen, wenn ich verärgert bin.

- »Ja, ich darf es dem Kellner sagen, wenn das Essen versalzen war.«
- »Ja, ich darf ein Produkt umtauschen, wenn es nicht funktioniert oder beschädigt ist. Schließlich habe ich dafür bezahlt.«
- »Ja, ich darf ein Einkommen erwarten, das meinem Können, meiner Erfahrung und meiner Leistung entspricht.«
- »Ja, ich darf auf etwas bestehen, das mir zusteht.«

Übrigens: Wer dafür bekannt ist, auch mal ein kritisches Feedback zu geben, dessen Lob gilt als besonders wertvoll! Wenn das kein Grund ist, künftig weniger zurückhaltend zu sein, wenn es darum geht, deine Interessen zu vertreten.

Sei nett zu dir selbst!

Nun rate ich dir seit vierundzwanzig Kapiteln, dich besser abzugrenzen, öfter Nein zu sagen, dich nicht manipulieren zu lassen und überhaupt ein bisschen egoistischer zu verhalten – aber das heißt natürlich nicht, dass du aufhören sollst, ein netter Mensch zu sein. Denn natürlich macht dich deine Freundlichkeit und Hilfsbereitschaft zu der Person, die du bist und mit der man gerne zu tun hat.

Wenn ich vor People Pleasing warne, meine ich den Versuch, es allen recht machen und allen gefallen zu wollen. Denn das gelingt sowieso nicht. Zumindest eine Person hat dabei immer das Nachsehen – und das bist du.

Deshalb möchte ich in diesem letzten Kapitel noch einmal eindringlich daran erinnern: Du schuldest es niemandem, nett zu sein, außer dir selbst!

Tja, aber wie geht das eigentlich – nett zu sich selbst sein? Da fällt dir so spontan gar nichts ein? Oh, mir schon:

Wie redest du überhaupt mit dir?

Achte mal drauf, wie du mit dir umgehst. Wie du über dich denkst. Wie du mit dir redest.

Da machst du einen Fehler, und sagst spontan: »Ich blöde Kuh« oder »Ich Idiot!« – würdest du so mit anderen umgehen? Nein? Und warum dann mit dir?

Lob dich auch mal. Oder mach deinem Spiegelbild ein Kompliment!

Denn Tatsache ist: Wie du mit dir selbst umgehst, wirkt sich unmittelbar darauf aus, wie du dich fühlst. Willst du dich selbst niedermachen oder dich lieber motivieren? Du hast die Wahl!

5 Sätze, die du nicht zu dir sagen solltest:
»Ich bin so doof.«
»Jetzt stell dich nicht so an!«
»Ich sehe ja furchtbar aus.«
»Das schaffe ich niemals.«
»So was Blödes kann nur mir passieren.«

5 Sätze, die du öfter sagen solltest:
»Das hab ich super hinbekommen.«
»Tolle Idee von mir!«

»Hey, heute gefalle ich mir.«
»Das schaff ich bestimmt.«
»Ich weiß, dass ich das kann.«

Lade dir nicht die Last anderer auf!

Natürlich ist Harmonie etwas Schönes. Ob in der Partnerschaft, der Familie, im Freundeskreis oder im Job. Aber bitte nicht auf deine Kosten!

Auch auf die Gefahr hin, dass andere vielleicht enttäuscht sind: Nur um einem Konflikt aus dem Weg zu gehen, musst du dir nicht ständig unliebsame Aufgaben aufbürden lassen.

Lass ruhig mal die anderen zum Zug kommen. Und denk nicht permanent, ohne deine Hilfe würde alles zusammenbrechen. Selbst wenn – irgendwer wird's schon wieder aufbauen. Und das musst nicht (immer) du sein. Schwierig? Die folgenden Sätze helfen dir, standhaft zu bleiben.

5 Sätze, die dich motivieren, wenn du ins Zweifeln gerätst:
»Es ist meine Pflicht, für mein Wohlbefinden zu sorgen.«
»Ich verdiene eine Pause.«
»Ich muss mich nicht schuldig fühlen.«
»Ich entscheide selbst, welche Aufgaben ich übernehme.
»Meine Zeit und meine Energie sind kostbar.«

Gönn dir was! Und belohn dich!

Super, du schaffst es inzwischen immer besser, auch mal Nein zu sagen. Schon krass, wie viel Zeit du dadurch gewinnst!

Aber Vorsicht: Diese Zeit solltest du auf keinen Fall damit verschwenden, mehr Überstunden zu schieben, dir neue Ehrenämter aufzuhalsen oder deine Lieben noch mehr zu verwöhnen.

Gönn dir stattdessen einmal ein bisschen Me-Time.

Ähm, was du da konkret tun könntest?

10 Vorschläge für deine Me-Time: Du könntest mal ...

1. Einen langen Spaziergang machen
2. Ein gemütliches Wannenbad nehmen
3. Ungestört in ein schönes Buch eintauchen
4. Laute Musik hören und dazu durch die Wohnung tanzen
5. Eine Massage buchen – oder gleich einen kompletten Wellnesstag
6. Shoppen gehen und dir einen lang gehegten Wunsch erfüllen
7. Stundenlang mit einer guten Freundin quatschen
8. Oder noch besser: mit ihr übers Wochenende verreisen
9. Sämtliche Folgen deiner neuen Lieblingsserie anschauen
10. Einfach nur mal ausschlafen. So richtig!

Die Me-Time-Vorschläge (und natürlich tausend weitere Ideen, die dir dazu einfallen) eignen sich übrigens auch hervorragend als Belohnung für dich selbst – zum Beispiel dann wenn du in Sachen People Pleasing über deinen Schatten gesprungen bist.

Schrille Idee? Du hast dich noch nie für irgendwas belohnt? Na, dann wird's aber höchste Zeit. Wenn nicht du, wer sollte es sonst tun?

Nun fällt dir aber gar nichts ein, wofür du dich belohnen könntest? Na, das lässt sich leicht ändern.

10 Dinge, für die du dir eine Belohnung verdienst:

1. Du hast dich getraut, vor einer Gruppe zu sprechen.
2. Du bist einem Konflikt nicht aus dem Weg gegangen.
3. Du hast die Steuererklärung gemacht und abgegeben.
4. Du hast eine schwierige Aufgabe gemeistert.
5. Du hast deinen Sport-Schweinehund besiegt und warst joggen.
6. Du bist souverän mit einem Misserfolg umgegangen.
7. Du hast dir kein schlechtes Gewissen machen lassen.
8. Du hast ein elend langes Meeting überstanden.
9. Du warst endlich beim Check-up und es ist alles in Ordnung.
10. Du hast deine Komfortzone verlassen und was Neues gewagt.

Auf einmal fallen dir noch ganz viele weitere Anlässe ein? Schnell aufschreiben, bevor du sie wieder vergisst:

11. ______________________________

12. ______________________________

13. ______________________________

14. ______________________________

15. ______________________________

16. ______________________________

17. ______________________________

18. ______________________________

19. ______________________________

20. ______________________________

Lass es dir schmecken!

Für andere backst du die köstlichsten Kuchen, kochst die leckersten Gerichte und zauberst die raffiniertesten Desserts. Aber was isst du, wenn du allein bist? Du machst dir schnell ein Käsebrot und isst es nebenbei vorm PC. Stimmt's?

Tja, das geht leider gar nicht. Jedenfalls nicht, wenn du wirklich nett zu dir sein willst.

Warum verwöhnst du dich nicht mal selbst? Es muss ja nicht unbedingt ein komplettes Menü sein.

10 Ideen, wie du dich zwischendurch kulinarisch verwöhnen kannst:

1. Wie wäre es mit einer Kaffeespezialität? Espresso, Cappuccino, Café au Lait, was du eben bevorzugst. Entscheidend dabei ist, dass du ihn mit einer echten Pause verbindest und den Kaffee Schluck für Schluck genießt. Ohne Ablenkung. Köstlich, oder?
2. Schnell gemacht, frisch und lecker: ein Salat. Einfach ein paar Tomaten aufschneiden, eine Gurke, ein bisschen grünen Salat zerzupfen, dazu Avocado, Pinienkerne, Oliven ... herrlich! Nach Lust und Laune kannst du auch Thunfisch dazugeben oder Putenstreifen oder was immer deine Vorräte hergeben. Wetten, dass du nicht länger als zehn Minuten für die Vorbereitung brauchst?
3. Du hast Kekse gebacken? Eigentlich sind sie ja für das Schulfest. Oder für Weihnachten. Oder einen sonstigen Anlass. Aber egal: Du solltest unbedingt die Hälfte davon in einer Dose aufbewahren, die nur für dich ist. Hin und wieder öffnest du sie und erfreust dich an deinen Backkünsten. Bekomme ich auch einen?
4. Backofengemüse – ein Selbstläufer: einfach schälen, kleinschneiden, Öl drüber, würzen und ab in den Ofen. Wenn du magst, verfeinerst du das Ganze noch mit Schinkenwürfeln oder Schafskäse. Das krieg sogar ich hin, und ich bin wahrlich keine Heldin in der Küche! Das Schöne daran: Während dein leckeres Mittagessen vor sich hin gart, kannst du tun, was immer du willst.
5. Wie wär's mit einem Smoothie? Ich persönlich stehe auf grüne Smoothies. Gerne mit Spinat drin und Salat-

gurke und nicht allzu süß. Andere bevorzugen eher fruchtige Smoothies. Wie auch immer: So eine Vitaminbombe für Zwischendurch ist schnell gemacht (oder gekauft). Mich machen Smoothies sofort wieder fit, wenn ich mich müde und ausgelaugt fühle, da kann kein Energydrink mithalten!

6. Pasta! Muss ich dazu viel sagen? Pasta geht schnell, macht satt und glücklich. Wenn's schnell gehen muss, gib einfach etwas Pesto und Parmesan dazu, fertig. Boah, mir läuft schon das Wasser im Mund zusammen, wenn ich nur dran denke.
7. Quinoa-Salat – die köstliche Proteinquelle. Es ist noch nicht lange her, da war Quinoa bei uns total unbekannt. Das hat sich zum Glück geändert, denn dieses von den Inka als »Mutter aller Körner« bezeichnete Lebensmittel ist nicht nur reich an Proteinen und essenziellen Aminosäuren, sondern enthält auch viele Ballaststoffe, Vitamine und Mineralien. Außerdem ist es glutenfrei und schmeckt köstlich nussig. Du kannst Quinoa warm genießen oder als Salat mit etwas Gemüse, Käse, Zitronensaft und Olivenöl. Gerate ich etwa ins Schwärmen? Sorry dafür.
8. Ein Eisbecher – warum eigentlich nicht? Du hast keine Lust zu kochen, außerdem ist es heiß und dir steht der Sinn nach etwas Süßem? Na, dann gönn dir doch einfach einen richtig schönen Eisbecher. Mit Krokant, Sahne, Obst und allem, was du magst. Gilt als vollwertige Mahlzeit, ich schwöre!
9. It's Teatime! Du bist nicht so ein großer Kaffeefan? Wie wäre es dann mit einer schönen Tasse Tee. Vielleicht so-

gar aus frischen Gartenkräutern oder Ingwer? Oder ganz klassisch, schwarzen Tee. Wie bei den Kaffeespezialitäten gilt: Nimm dir Zeit dafür und genieße bewusst. Denn auch Teatime ist eine Zwischendurch-Auszeit.

10. Lade dich doch einfach mal ein! Geh ins Café, ins Bistro, ins Sternerestaurant – wo auch immer es dir gefällt. Ja, du darfst auch mal ganz ohne Anlass essen gehen. Ganz allein. Oder, falls du darauf keine Lust hast, in netter Begleitung. Allerdings gilt allein essen zu gehen auch als Mutprobe, und dafür steht dir dann wieder eine Belohnung zu, siehe oben ...

Und es gibt noch sooo viele weitere Möglichkeiten, nett zu dir zu sein. Beispielsweise, indem du auf die Signale deines Körpers achtest und dich nicht überforderst, wenn es dir nicht gutgeht, sondern etwas für deine Gesundheit tust. Oder indem du dir Zeit freischaufelst, um dich einem Hobby zu widmen, das du schon so lange vernachlässigt hast. Vielleicht sogar etwas ganz Neues ausprobierst. Deine Freundschaften pflegst. Eine neue Sprache oder ein Instrument lernst. Was auch immer dich glücklich macht: Tu's einfach!

Oder mit anderen Worten: Please yourself!

Top Ten: Zehn unschlagbare Argumente für mehr Egoismus

1. **Liebe:** Wenn du dich nicht selbst liebst, warum sollten es andere tun? Und wie kannst du dann andere lieben? Oder das Leben? Niemand ist dir näher als du.

2. **Glück:** Wenn du weder dich noch andere liebst, wie kannst du dann glücklich sein? Und du verdienst Glück! Einfach so. Auch ohne Gegenleistung.
3. **Zeit:** Deine Zeit ist wertvoll – gehe sorgsam damit um. Wenn du öfter mal Nein sagst, bleibt mehr davon für dich übrig. Me-Time, die du nach Herzenslust genießen kannst.
4. **Energie:** Sich für andere einzusetzen, ist toll, aber lass dich nicht auspowern. Achte auf Ausgleich und Entspannung, um neue Energie zu tanken!
5. **Ehrlichkeit:** Ehrlichkeit ist dir sehr wichtig. Sei auch ehrlich zu dir selbst, was deine Wünsche, Bedürfnisse und Ziele betrifft. Ignoriere sie nicht, sondern nimm sie ernst.
6. **Verantwortung:** Indem du dich, deine Wünsche und Bedürfnisse wichtig nimmst und deine Ziele verfolgst, übernimmst du Verantwortung für dein Leben.
7. **Ausstrahlung:** Wenn du dich selbst mit all deinen Stärken und Schwächen akzeptierst, strahlst du eine unglaubliche Stärke aus. Das wird andere mehr beeindrucken als jede People-Pleasing-Aktion.
8. **Respekt:** Menschen, die genau wissen, was sie wollen, Konflikte nicht scheuen und auch mal Nein sagen, werden nicht abgelehnt, sondern ganz besonders respektiert.
9. **Freiheit:** Sich unabhängig von den Bewertungen anderer zu machen, bringt dir ein wunderbares Gefühl der Unabhängigkeit und Freiheit. Was die anderen denken, ist egal!
10. **Zufriedenheit:** Das klingt zwar bescheidener und nicht so spektakulär wie Glück, aber mit sich und seinem Leben vollkommen im Reinen zu sein, ist das Beste überhaupt!

Nachwort

Öfter mal Ja sagen – zu deinen Wünschen

People Pleasing ist eine Verhaltensweise, die es wohl schon immer gab. Zugleich ist es ein Phänomen unserer Zeit, in der auf Social Media das große Vergleichen stattfindet: Wer führt das tollste, aufregendste, erfolgreichste Leben?

Auf diesem Nährboden gedeiht People Pleasing besonders gut. Kein Wunder, dass es immer stärker in den Blickpunkt der Aufmerksamkeit gerät und man auf einmal überall davon hört oder liest. So wie in diesem Buch, in dem ich dir dazu rate, es nicht immer nur anderen recht zu machen, sondern endlich auch mal dir selbst.

Doch ist unsere Welt nicht schon egoistisch genug?
Nein! Jedenfalls nicht, wenn es um positiven Egoismus geht.

Wenn ich für diese Art von Egoismus plädiere, geht es natürlich nicht darum, ab sofort rücksichtslos zu sein und niemandem mehr einen Gefallen zu tun. Und auch nicht darum, zum Einzelgänger zu werden, dem die Meinung anderer total egal ist. Schließlich sind wir soziale Wesen. Von der Gruppe akzeptiert zu werden, ist wichtig, teilweise sogar überlebenswichtig. Würde etwa ein Nomade in der Wüste aus der Gruppe ausgegrenzt, könnte er nicht überleben. Und auch in unserer Kultur würden wir durch Isolation zumindest schweren Schaden nehmen. Umgekehrt ist es für unser Wohlbefinden unerlässlich, dass wir uns in der Familie, im Betrieb, im Verein ... aufgehoben und anerkannt fühlen. Deshalb wollen wir alle Zuwendung und Respekt erfahren. Ja, wir wollen gemocht werden.

Positiver Egoismus steht dazu nicht im Widerspruch. Denn gemeint ist damit eben nicht, nur an sich selbst zu denken und ohne Rücksicht auf Verluste anderer die eigenen Interessen zu verfolgen. Ebenso wenig, sich egozentrisch immer in den Mittelpunkt zu stellen und seine Mitmenschen nicht ernst zu nehmen. Entscheidend ist vielmehr, sich selbst und seine Bedürfnisse im Blick zu behalten, anstatt die von anderen grundsätzlich wichtiger zu nehmen als die eigenen – genau das wäre nämlich People Pleasing.

People Pleasing in Maßen ist allerdings völlig okay – solange du dabei nicht auf der Strecke bleibst. Tu dir selbst einen Gefallen und sei nett zu dir! Gönn dir was. Sei großzügig dir gegenüber. Schenke dir Zeit für schöne Dinge. Motiviere dich selbst. Lob dich auch mal!

Je ausgeglichener und zufriedener du mit deinem Leben bist, desto angenehmer ist es für andere, Zeit mit dir zu verbringen. Please yourself – dann haben auch deine Mitmenschen gern mit dir zu tun. Selbst wenn (oder gerade weil) du ihnen nicht jeden Wunsch von den Augen abliest.

Ich hoffe, dieses Buch hilft dir raus aus der People-Pleasing-Falle und rein in ein entspannteres und selbstbestimmteres Leben.

Danke!

Auf dem Cover steht zwar nur mein Name, aber ohne die großartige Arbeit und Unterstützung ganz vieler anderer Menschen wäre aus meinem Manuskript niemals dieses Buch geworden.

Deshalb möchte ich von Herzen allen danken, die an der Entstehung beteiligt waren.

Allen voran Nikola Teusianu vom Verlag Gräfe und Unzer, die mir ihr Vertrauen geschenkt und mich überhaupt erst auf die Idee zu diesem spannenden Thema gebracht hat. Danke, liebe Nikola, für deine Wertschätzung und die tolle Zusammenarbeit!

Anja Koeseling, meiner Agentin und Freundin, die gute von schlechten Ideen unterscheiden kann wie keine andere und sich für die guten begeistert einsetzt. Danke für dein Engagement und deine Freundschaft!

Steffi Emrich, meiner Freundin und Testleserin, für ihr ehrliches Feedback und ihre Fehlerfunde. Kein Buchstabendreher bleibt ihrem Adlerauge verborgen. Deine Anfeuerungsmails sind die beste Motivation überhaupt!

Ulrike Auras, der Lektorin dieses Buches, die dem Text dank ihrer klugen Änderungsvorschläge und wertvollen Hinweise den letzten Schliff verliehen hat.

Meinen Interviewpartner*innen für ihre Offenheit und ihre Bereitschaft, mich ihre Geschichten in diesem Buch erzählen zu lassen. Eure Namen bleiben geschützt, aber ihr wisst ja, wen ich meine – fühlt euch alle umarmt!

Nicht zu vergessen all diejenigen, die sich um Schriftsatz, Korrektorat, Covergestaltung, Druck, Vertrieb, Pressearbeit, Social Media und Marketing gekümmert haben – ein Buch zu machen, ist echtes Teamwork. Vielen Dank!

Und natürlich danke ich allen, die *Ab heute mach ich's mir selber recht* kaufen, verschenken, rezensieren, empfehlen und vor allem lesen. Also dir! Offenbar magst du dieses Buch, sonst würdest du nicht sogar die Danksagung bis zum letzten Wort lesen. Was für ein Kompliment!

Wenn du mehr über meine Bücher erfahren oder mir Feedback geben möchtest, findest du mich hier im Internet:
Website: www.AbidiBooks.de
Facebook: @AbidiBooks
Instagram: @heikeabidi

Rezensionen schreiben gilt übrigens nicht als People Pleasing, auch wenn es (jedenfalls meistens) die Autorin glücklich macht ☺

Heike Abidi
im Februar 2024

LIEBE LESERINNEN UND LESER,

wir wollen Ihnen mit diesem Buch Informationen und Anregungen geben, um Ihnen das Leben zu erleichtern oder Sie zu inspirieren, Neues auszuprobieren. Wir achten bei der Erstellung unserer Bücher auf Aktualität und stellen höchste Ansprüche an Inhalt und Gestaltung. Alle Anleitungen und Rezepte werden von unseren Autoren, jeweils Experten auf ihren Gebieten, gewissenhaft erstellt und von unseren Redakteur*innen mit größter Sorgfalt ausgewählt und geprüft.

Haben wir Ihre Erwartungen erfüllt? Sind Sie mit diesem Buch und seinen Inhalten zufrieden? Wir freuen uns auf Ihre Rückmeldung. Und wir freuen uns, wenn Sie diesen Titel weiterempfehlen, in Ihrem Freundeskreis oder bei Ihrem Online-Kauf.

Sollten wir Ihre Erwartungen so gar nicht erfüllt haben, tauschen wir Ihnen Ihr Buch jederzeit gegen ein gleichwertiges zum gleichen oder ähnlichen Thema um.

KONTAKT ZUM LESERSERVICE

GRÄFE UND UNZER VERLAG
Grillparzerstraße 12
81675 München
www.gu.de

GRÄFE UND UNZER
Ein Unternehmen der GANSKE VERLAGSGRUPPE

Impressum

ISBN 978-3-8338-9468-8
1. Auflage 2024

Projektleitung: Nikola Teusianu
Lektorat: Ulrike Auras
Bildredaktion: Simone Hoffmann
Umschlaggestaltung und Layout: ki 36 Editorial Design, Anika Neudert
Herstellung: Markus Plötz
Satz: Uhl + Massopust, Aalen
Reproduktion: LUDWIGmedia, Zell am See
Druck und Bindung: Livonia, Riga

Umwelthinweis
Nachhaltigkeit ist uns sehr wichtig. Der Rohstoff Papier ist in der Buchproduktion hierfür von entscheidender Bedeutung. Daher ist dieses Buch auf PEFC-zertifiziertem Papier gedruckt. PEFC garantiert, dass ökologische, soziale und ökonomische Aspekte in der Verarbeitungskette unabhängig überwacht werden und lückenlos nachvollziehbar sind.

Bildnachweis
Cover und Innenteil (Katze): Dóra Fekete (iStock)
Autorinnenfoto: Gaby Gerster
Syndication: www.imageprofessionals.com

Wichtiger Hinweis
Die Gedanken, Methoden und Anregungen in diesem Buch stellen die Meinung bzw. Erfahrung der Verfasserin dar. Sie wurden von der Autorin nach bestem Wissen erstellt und mit größtmöglicher Sorgfalt geprüft. Sie bieten jedoch keinen Ersatz für persönlichen kompetenten medizinischen Rat. Jede Leserin, jeder Leser ist für das eigene Tun und Lassen auch weiterhin selbst verantwortlich. Weder Autorin noch Verlag können für eventuelle Nachteile oder Schäden, die aus den im Buch gegebenen praktischen Hinweisen resultieren, eine Haftung übernehmen.